Ulrich Walter

Religion im Kindergartenalltag

Impulse und Ideen für die Praxis in Evangelischen Tageseinrichtungen

NEUKIRCHENER
VERLAGSHAUS

Verlagsgesellschaft des Neukirchener Erziehungsvereins mbH, Neukirchen-Vluyn
www.nvg-medien.de
Titelgestaltung: Hartmut Namislow unter Verwendung eines Fotos von © iStockfoto
Satz: Breklumer Print-Service, Breklum
Druck: Fuck-Druck, Koblenz
Printed in Germany
ISBN 978-3-7975-0153-0
Best.-Nr.: 600 153

Vorwort

Was dieses Buch möchte:
Es versteht sich als Einladung zum religionspädagogischen Arbeiten mit den Kindern mitten im Alltag unserer Evangelischen Tageseinrichtungen, mit dem Mut zur Lücke und mit dem Wagnis, Schneisen zu schlagen, um als Erzieherin und Erzieher den eigenen Weg zu finden.
Und weil die Kinder als kleine Theologinnen und Theologen ernst genommen werden, werden nicht alle in diesem Buch vorgeschlagenen Schritte so durchzuführen sein.
Die Kinder und ihre Fragen werden dazu führen, neue Orte für die vorgestellten Geschichten, Lieder, Rituale und Einheiten zu finden.
So, wie sie dargestellt sind, sind sie didaktisch verantwortet, aber nicht festgelegt.
Und in der gleichen Weise, wie den Kindern in der Einrichtung Spielzeug und Gestaltungsmaterialien in den jeweiligen Bezügen und Raumzuordnungen zur Verfügung stehen, so möchte ich den Kindern auch die Geschichten und die mit ihnen verbundenen Bodenbilder und Gestaltungsvorschläge zur weiteren Gestaltung überlassen. Die Erwachsenen werden sich wundern, welche neuen überraschenden Antworten die Kinder für sich und miteinander finden.
Was dieses Buch also nicht möchte: Mit dem Anspruch der Vollständigkeit eine Illusion der Abgeschlossenheit vermitteln. Das mag es geben, und es mag auch gewünscht sein, aber der Glaube an den Gott Jesu Christi, der mit uns auf dem Weg ist, erschließt uns an jedem Tag neue Einsichten und gibt neue Antworten, weil unsere Fragen sich verändern, wenn wir auf dem Weg bleiben wie die Kinder und mit den Kindern im Alltag des Kindergartens.

Ein herzliches Dankeschön geht an alle Menschen, die mich auf dem Weg begleitet haben und die ich begleiten durfte. Und das ist eine lange Liste. Sie beginnt bei meinen Eltern, die mit mir gestaunt haben über die Weite des Sternenhimmels im August. Sie geht weiter bei meiner Frau, die im Dialog mit den Lebenswelten der heutigen Menschen in mir immer wieder neu die Erinnerung an die Wurzeln unseres Glaubens wachrüttelt, meinen drei Kindern, die mich mit ihren Fragen nicht losgelassen haben, und manche ihrer Ideen wurden zu Geschichten. Dazu kommen die vielen Kinder bei Projekten in Einrichtungen oder einfach nur dort, wo wir uns gerade trafen, Erzieherinnen und (und ein paar wenige) Erzieher in den vielen Fortbildungen, und nicht zuletzt die Kolleginnen und Kollegen, besonders des Multiplikatorenkurses, die durch ihre Rückmeldungen den Spagat zwischen Sternenschau und Bodenkontakt bestehen halfen.

Inhalt

Kindertageseinrichtungen als Markenzeichen der Kirchengemeinde

Wenn eure Kinder euch fragen
nach dem Woher und Wohin,
erzählt ihnen vom Leben und woher es kommt
und teilt mit ihnen eure Hoffnungen, wohin es gehen soll.

Erzählt ihnen von dem Gott, der sagt:
ICH WERDE MIT DIR SEIN;

der uns befreit aus Abhängigkeit und Unmündigkeit,
der die Kleinen wertschätzt und die Großen beim Wort nimmt,
der Zeit und Raum schenkt, das Leben gemeinsam zu gestalten.

Und wenn ihr fragt: „Woher sollen wir wissen?“,
dann lest nach, was euch überliefert ist im Buch der Bücher.
In Buchstaben gesetzt, in Worte gefasst und in Seiten gebunden
wartet die Freiheit des Geistes Gottes auf eure Entdeckung.

Freut euch über das Feuer der Neugier,
gebt den Flammen Nahrung und enthaltet ihnen nicht vor,
was ihr gelesen und gehört, von dem ihr ergriffen seid,
solange eure Kinder euch fragen.

Die Evangelischen Kindertageseinrichtungen sind wieder im Gespräch. Viele Kirchengemeinden haben entdeckt, welchen Schatz sie da in ihrer Mitte haben. Und darum ist es verständlich, dass auch die Denkschrift der EKD „Wo Glaube wächst und Leben sich entfaltet“ den Kindertageseinrichtungen eine große Zukunft voraussagt:

„(2) Stand in den Evangelischen Kindertagesstätten bis vor einigen Jahren vor allem das diakonische und sozialpädagogische Profil im Vordergrund, so ist heute zunehmend deutlich geworden, dass Evangelische Kindertagesstätten

wesentlich Bildungseinrichtungen mit einem eigenen Bildungsauftrag sind. Dazu gehört vor allem das Bemühen um eine frühe Förderung aller Kinder in allen Dimensionen einer kindgemäßen Bildung.
(3) Religiöse Erziehung hat darin einen selbstverständlichen Platz. Evangelische Kindertagesstätten müssen auch, ja, vor allem, Orte religiöser Bildung sein. Daraus ergibt sich, dass ein wesentliches Kennzeichen Evangelischer Kindertagesstätten ihre religionspädagogische Arbeit mit Kindern ist. Sie eröffnet den Kindern, unabhängig von dem religiösen Hintergrund, den sie mitbringen, eine spezifische christliche Daseins- und Handlungsorientierung und lädt sie zu einer konstruktiven und eigenständigen Beschäftigung mit dem christlichen Glauben ein.
(4) Die Qualität der religionspädagogischen Arbeit mit Kindern beruht auf der religionspädagogischen Ausbildung ihrer Erzieher/innen sowie auf der Bereitschaft der Träger und der Elternschaft, in Prozesse der Qualifizierung und Steigerung der eigenen Erziehungs- und Bildungskompetenz einzutreten."
Besonders für eine solche Qualität der religiösen Erzieherinnen brauchen die pädagogischen und theologischen Fachkräfte neue Blickwinkel, denn die Kinder werden als aktive Gestalter ihres Glaubens gesehen. „Lehrer sein heißt, weiterzuerzählen, was man liebt und was man selbst schön findet. Man übt sich auch im Glauben ein, indem man weitererzählt, was man glaubt. Und man gibt Leben weiter, indem man die Geschichten des Lebens weitergibt" (Fulbert Steffensky). Dazu bedarf es des Erwerbs einer authentischen Haltung. Sie umfasst eine Methodenkompetenz zur angemessenen Reaktion auf religiöse Fragen der Kinder in der jeweiligen Situation und zur Eröffnung von Erfahrungsräumen, in denen Fragen der Kinder geweckt werden. Erforderlich ist dazu auch die Fähigkeit, die Kinder an der Auswahl von Inhalten zu beteiligen und so den Fragen der Kinder auf die Spur kommen, um dann situationsorientiert von den Lebenswelten her auf die Inhalte (Tradition!) im Sinne eines Entdeckens, Aufspürens und Weiterführens zuzugreifen. Die Fragen der Kinder sind schließlich Fragen nach Vergewisserung, Identität und Orientierung.

Des Weiteren stellt sich die Frage nach religiöser Kompetenz. Dazu gehört eine Offenheit für Erfahrungen authentischer eigener Spiritualität, denn ohne eine persönliche Auseinandersetzung mit Fragen des Glaubens und eine Akzeptanz seiner Inhalte ist religiöse Bildungsarbeit mit Kindern auf Dauer nicht möglich. Und es wird ohne fachliches Wissen nicht gehen, wenn sich die Frage nach der Kompetenz auf alle Bildungsbereiche bezieht. Dazu gehören sinn- und handlungsorientierte Methoden der Aneignung der im Alltag der Kinder begegnenden Symbole, Rituale, Bräuche und Texte des christlichen Glaubens. Denn: Was ich auf den Begriff gebracht habe, muss ich vorher begriffen haben!

So gesehen dürfen Kinder (und ihre Eltern) in der Tageseinrichtung erwarten, dass sie dort auf Menschen treffen, die sich für ihre Fragen interessieren. „Traditionsabbruch macht neugierig auf Tradition“ (F. Steffensky), darum stellt sich dieses Buch der Vermittlung der elementaren Inhalte unseres christlichen Glaubens. Es ist gewachsen in Fortbildungen und der religionspädagogischen Arbeit mit Kindern. Alle Kapitel beginnen mit hinführenden Gedanken. Ihnen schließen sich kreative und liturgische Zugänge und Lieder an, die in der Praxis entstanden und erprobt sind. Darauf folgt eine Auswahl an Geschichten, die im Erzählen mit Kindern entstanden sind. Nun sind sie aufgeschrieben, und das ist etwas anderes. Daher sind sie so erzählt, dass sie als Vorlage für die Arbeit in der Einrichtung geeignet sind, ohne die Tiefe der biblischen Texte zu verlassen. Damit wird deutlich, dass wir biblische Geschichten so erzählen, dass die Kinder an ihnen wachsen können. Sie brauchen nicht zur Seite gelegt werden, wenn die Kinder älter werden und ihr Realitätssinn sie nach Hintergründen fragen lässt, dabei entscheidet jede Erzieherin, was sie übernimmt!

Nun ist die religionspädagogische Arbeit im Alltag etwas anderes als ein Buch mit seiner Gliederungsstruktur. Daher können manche Ideen zur Gestaltung, Vorschläge für Rituale oder auch biblische Erzählungen an verschiedenen Orten stehen. Z. B. kann die Feier zur Tischgemeinschaft Jesu in der Erntedankzeit und das Thema „Schöpfung“ im Frühjahr ihren Platz finden. Die Kapitel haben auf diese Weise einen unterschiedlichen Umfang bekommen und laden durchaus auch zum Querlesen und –denken ein.

Den Glauben der Kinder im Alltag aufspüren

Zugänge zur religionspädagogischen Arbeit in Ev. Kindertageseinrichtungen

Einführung

Chancen religiöser Erziehung

Die in diesem Buch vorgeschlagenen Inhalte sind auf der Basis neuerer religionspädagogischer Erkenntnisse entstanden, die den „Perspektivenwechsel" im Blick auf die Kinder in den Gemeinden ernst nehmen. Sie verdanken sich dem religionspädagogischen Modell des Begegnungsschemas aus der Kindergottesdienstarbeit sowie dem Ansatz der religiösen Erziehung, wie sie vom Comenius-Institut und anderen in der Reihe „Religion im Alltag des Kindergartens" vorgelegt werden[1] (siehe Schaubild am Ende des Artikels). Dabei sind die folgenden Grundkonstanten für eine religiöse Erziehung in Kindertageseinrichtungen von Bedeutung:

1. Die Kinder
Die Kinder werden als Subjekt ihres religiösen Entdeckens der Welt ernst genommen. Dabei ist vorausgesetzt, dass ihr natürliches Begreifen und Entdecken der Welt religiöse Fragen impliziert. Eine Aussparung der religiösen Frage nimmt den Kindern also eine wichtige Dimension und Möglichkeiten der Entdeckung ihrer Welt.

2. Die Person der Erzieherin
Die religionspädagogische Aufgabe der Erzieherin [2]
Die Person der Erzieherin, des Erziehers ist als wichtige Beziehungsperson in diesem Rahmen anzusehen. Sie steht für die „Glaubwürdigkeit" ein mit ihrer Authentizität und bedarf darum eines angemessenen „Vorwissens".

---

[1] Scheilke, Christoph Th., Schweitzer, Friedrich (Hg.), Religion im Alltag des Kindergartens, Münster, Comenius-Institut überarbeitete Auflage 2006
[2] siehe auch: an R. Möller in: R. Möller/R.Tschirch, Arbeitsbuch Religionspädagogik für Erzieherinnen S. 23-26 bzw. (Hg.) C. Scheilke u.a., Religion im Alltag des Kindergartens

3. Die Botschaft der Bibel in ihrer Wirkungsgeschichte bis heute und ihrer Ausgestaltung im Kirchenjahr
Die Botschaft der Bibel als Hoffnung stiftendes, befreiendes und dem Menschen zugewandtes, Vertrauen weckendes Evangelium in der Liebe Gottes zu den Menschen ist in den Kindern angemessenen Formen zu erzählen und in verschiedenen Weisen so nahe zu bringen, dass Kinder sich angemessen mit seinen Inhalten auseinandersetzen können.

4. In der Begegnung dieser Subjekte entsteht ein religionspädagogisches Konzept im Wissen um eine ganzheitliche, sinnenreiche und kindorientierte religiöse Erziehung im Sinne des Aufspürens, Entdeckens und Weiterführens.
In diesem Punkt bündelt sich die Begegnung von Kindern, Erzieherinnen und Botschaft der Bibel in einem religionspädagogischen Wissen um eine ganzheitliche, sinnenreiche, kindorientierte, religiöse Erziehung, die – nicht isoliert betrachtet – im Sinne eines Entdeckens, Aufspürens und Weiterführens mit den Kindern entwickelt, was sie zum Leben brauchen:

Kinder fragen nach der Quelle des Lebens.
Sie möchten von den Erwachsenen in ihrer Umgebung wissen, woraus sie Kraft und Lebensmut schöpfen und was ihnen Halt gibt im Leben. Sie suchen nach Menschen, die auf ihre Fragen hören und mit ihnen auf die Suche nach Antworten gehen. Sie wollen keine fertigen Antworten, aber sie sind gespannt darauf zu hören, was andere geprägt hat. Im Erzählen biblischer Geschichten werden die Erzieherinnen erkennbar. Sie treten ein in den Fluss der alten Geschichten von der Liebe Gottes zu den Menschen und geben so den Kindern Anteil an der Quelle, aus der sie Kraft schöpfen, Orientierung erfahren und angestoßen werden zu neuen Aufbrüchen.

Kinder stellen wichtige Fragen.
Die vorgeschlagenen Themenkreise berühren Fragen, die Kinder im Blick auf ihr Entdecken und Begreifen der Welt stellen. Kinder fragen nach sich und ihrer Identität: Wer bin ich? Sie fragen nach dem Sinn des Ganzen und hoffen auf ein Leben, in dem sie bejaht und hoffnungsvoll aufwachsen können. Damit verbunden ist ihre Frage nach Leben und Tod. Hinter ihrer Frage nach Schutz und Geborgenheit steckt (auch) die Frage nach Gott, dem Schöpfer und Erhalter unserer Welt. Dabei interessiert sie schon sehr früh die ethische Frage, wie sie ihr Handeln einordnen und soziale Kompetenz erwerben können. Und in ihrem Zusammenleben mit Kindern aus anderen Kulturen möchten sie über deren Religion mehr erfahren. Nicht zu-

letzt sind es aber auch die Fragen nach den „schönen Geheimnissen“[3] der Kindheit, die ihr Fragen von dem der Erwachsenen unterscheidet und unser Lernen herausfordert.

Kinder haben ein Recht auf Religion.
Im Konzept einer religiösen Erziehung, das sich dem Suchen und Fragen der Kinder öffnet, haben sie darum auch ein Recht auf Geschichten, die sie mit unseren Wurzeln verbinden. In ihnen kommt zum Ausdruck, was sie brauchen:

- Kinder brauchen Anerkennung, Geborgenheit und Vertrauen.
- Kinder sind auf Orientierung angewiesen. Sie möchten sich in der Welt zurechtfinden und suchen einen verlässlichen Platz für sich selbst und für ihre Familie, aber auch für die Tiere, die Pflanzen und die anderen Dinge der Schöpfung.
- Kinder wollen in ihren Fragen nach dem Woher und Wohin ermutigt werden und suchen nach verlässlicher und authentischer Begleitung. Sie brauchen Erwachsene, die sich ihrer mit Liebe annehmen und sie in ihrer Suche nach Weltdeutung und ihrem Fragen nach Gott begleiten.
- Kinder brauchen Raum und Zeit zum Kindsein, für ihr zweckfreies Spiel, die Erprobung ihrer Sinne und die Entfaltung ihrer Phantasie.
- Kinder brauchen Wertschätzung, Zuwendung und die Gewissheit: Ich bin angenommen und ernstgenommen.
- Kinder brauchen ein Zuhause, wo sie einen Platz in der Gemeinschaft finden, kulturelle Identität ausbilden und geistlich wachsen können. Dabei helfen ihnen Regeln und Rituale, die ihrer Zeit und ihrem Lebensraum Struktur geben und ihnen Anknüpfungspunkte für ihr Fragen und Wachsen eröffnen.
- Kinder wollen ihre Umwelt entdecken und begreifen. Sie staunen über die Geheimnisse des Lebens. Manches weckt in ihnen auch Angst und Gefühle der Ohnmacht.
- Kinder brauchen Geschichten, in denen sie die Zusage Gottes hören: Gut, dass du da bist, mein Kind, du bist wichtig an deinem Platz!
- Kinder wollen spüren: Ich bin Gottes geliebtes Kind, ich stehe unter seinem Segen.

---

[2] nach F. Schweitzer: Das Recht des Kindes auf Religion. Ermutigungen für Eltern und Erzieher. Gütersloh 2000

5. Die Kirchengemeinde wird als Trägerin und Lernort ernst genommen in der Einbettung eines religionspädagogischen Konzeptes der KITA in eine (evtl. erst zu entwickelnde) (Bildungs-) Konzeption der Gemeinde.

In einem höheren Maße als bisher wird die Kirchengemeinde als Trägerin der Evangelischen Kindertagesstätte eingebunden in die Dimensionen religiösen Lernens im Kindergarten. An dieser Stelle ist darum auch der Zusammenhang von Qualifikation um Bereich RE und der Diskussion um ein Evangelisches Profil der Kindertagesstätte zu benennen.

Merkmale eines Evangelischen Profils [4]

- Das Bewusstsein, dass unsere Kultur auf einem religiös-christlich geprägten Fundament beruht. So ist z. B. der Artikel über die Unantastbarkeit der Würde des Menschen im Grundgesetz nicht ohne seine Wurzel zu verstehen, die sich aus der Gottesebenbildlichkeit des Menschen ergibt. Ebenso ist die uns überlieferte Zeitgliederung in Wochen und Jahren ohne ein Wissen um die Grundlagen nicht zu erklären. Eine Evangelische Kindertageseinrichtung wird darum diese Gliederung in den Dimensionen Zeit, Raum, Rituale und Bräuche aufnehmen und entsprechend interpretieren.
- Die Grundeinsicht, dass jedes Kind das Recht auf Religion hat.
- Die Einsicht, dass der Mensch mehr ist als die Summe seiner Leistungen. An diesem Punkt geht es um die Erkennbarkeit der protestantischen Grundaussage von der Rechtfertigung aus Glauben allein. Mit einer solcherart zugesprochenen und geschenkten Identität geht einher, dass eine Evangelische Kindertageseinrichtung den Kindern Erfahrungen mit dem Grund dieser Hoffnung, Jesus Christus, nicht vorenthalten darf, wenn sie denn das Recht des Kindes auf Religion anerkennt. Die Bibel wird darum in der RE als „Quelle des Lebens und der Liebe Gottes“ eine wichtige Rolle spielen.
- Eine Erziehung zur Selbstbestimmung schließt ein Wissen um die Grundlagen der Religion ein. Die Evangelische Kindertageseinrichtung wird daher ihren Deutungszusammenhang des protestantisch geprägten Christentums den Kindern als Grundlage eines emanzipierten Identitätsbegriffs nicht vorenthalten.
- Nicht zuletzt darf an dieser Stelle der Hinweis auf die kirchlich-diakonischen Wurzeln protestantischer Herkunft der Institution Kindergarten nicht fehlen, und damit sei auf die Aufgabe einer jeden Kindertageseinrichtung zur impliziten religiösen Erziehung verwiesen, die dem Recht des Kindes auf Religion entspricht.

---

[4] siehe dazu: R. Möller in: R. Möller/R.Tschirch, Arbeitsbuch Religionspädagogik für Erzieherinnen S. 23-26

6. Dimensionen der Vermittlung

Aus diesen Zusammenhängen zu entwickelnde Inhalte vermitteln sich über die Lerndimensionen des Kindergartens, die der Kindertagesstätte zur Verfügung stehen und für eine religiöse Erziehung genutzt werden, die eben nicht isoliert betrachtet wird, sondern eingebunden ist in die gesamte Arbeit und das Leben der Kinder im Evangelischen Kindergarten im Rahmen der Kirchengemeinde:

Raum – Zeit – Beziehungen – Körper und Sinne – Spiel – Fest und Feier – Erzählen – Stille, Meditation, Gebet – Rituale – Kunst und Kinderkultur – Gemeinwesen und Gemeinde.

In diesen Dimensionen eröffnen die biblischen Geschichten, die Symbole und die jeweiligen Kindern angemessenen Rituale im Alltag der Kindertagesstätte und im Kindergartenjahr Begegnungen zwischen der Lebenssituation der Kinder und der biblischen Tradition und darin dem befreienden und dem Menschen zugewandten Evangelium von der Liebe Gottes zu den Menschen. In diesem Zusammenhang sei hier an die Eingebundenheit der Einrichtungen in die gesetzlichen Vorgaben erinnert, in denen die sozialpädagogischen Anforderungen benannt werden, denen aber die Ebene der religiösen Bildung zugeordnet werden kann.

Damit zielen die ausgewählten Inhalte auf die Gestaltung von Begegnungsräumen zwischen der Lebenssituation von Kindern und der als Befreiung hereinbrechenden Wirklichkeit Gottes, vermittelt durch Geschichten, Symbole, Rituale im Kindergartenalltag und im Kindergartenjahr. Auf diese Weise werden in allen Dimensionen der Arbeit in der Kindertageseinrichtung Begegnungen eröffnet, die den Kindern Heimat im christlichen Glauben geben können, Wurzeln und Flügel zur rechten Zeit. Dies ist von eminenter Bedeutung für die Ausbildung einer Identität, die zum Dialog befähigt.

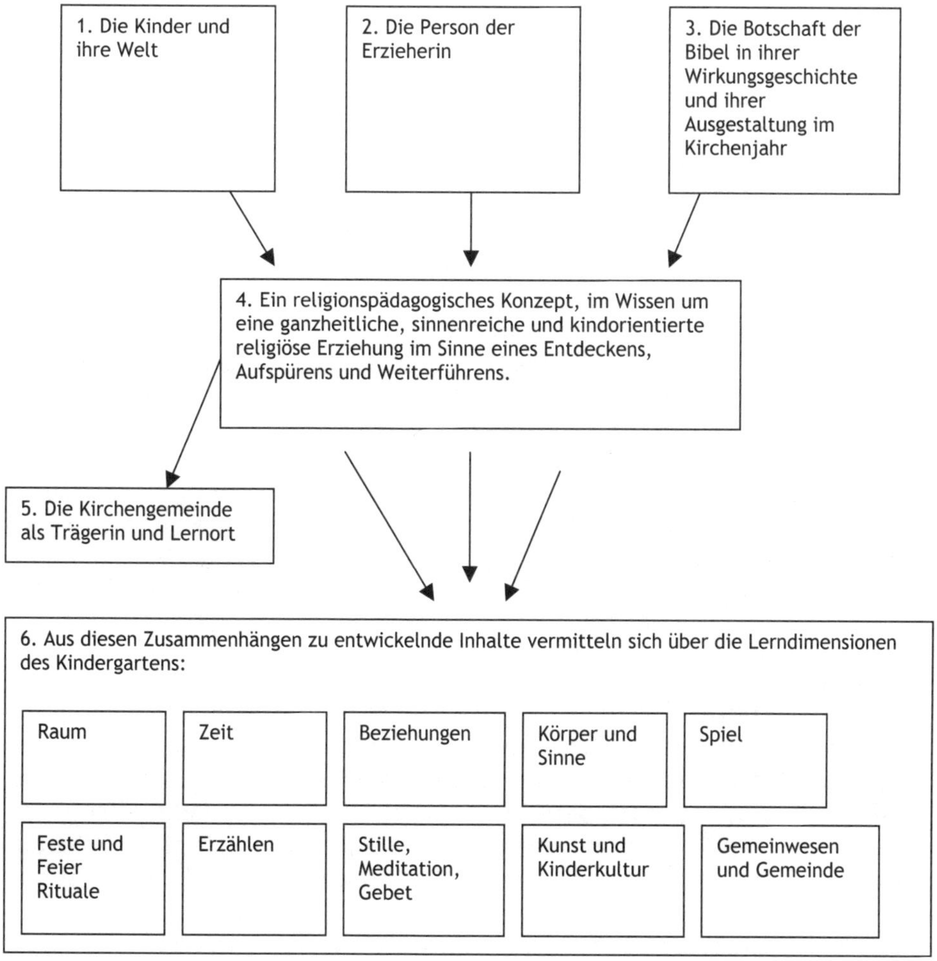
1. Die Kinder und ihre Welt
2. Die Person der Erzieherin
3. Die Botschaft der Bibel in ihrer Wirkungsgeschichte und ihrer Ausgestaltung im Kirchenjahr
4. Ein religionspädagogisches Konzept, im Wissen um eine ganzheitliche, sinnenreiche und kindorientierte religiöse Erziehung im Sinne eines Entdeckens, Aufspürens und Weiterführens.
5. Die Kirchengemeinde als Trägerin und Lernort
6. Aus diesen Zusammenhängen zu entwickelnde Inhalte vermitteln sich über die Lerndimensionen des Kindergartens:
Raum
Zeit
Beziehungen
Körper und Sinne
Spiel
Feste und Feier Rituale
Erzählen
Stille, Meditation, Gebet
Kunst und Kinderkultur
Gemeinwesen und Gemeinde

Arbeit mit Symbolen in der religiösen Erziehung

Im Folgenden wird eine Einheit vorgeschlagen, in der Symbole Verwendung finden, denen Kinder in ihrer Lebenswelt begegnen, die ihnen aber auch erste Zugänge zu religiösen Fragen erschließen können.
Die Symbole werden in einer „Schatzkiste" verpackt den Kindern nach und nach präsentiert. Dabei können im Alltag der Einrichtung einzelne Symbole immer wieder vorkommen, bzw. die Erzieherin greift aufgrund einer Frage eines Kindes oder in einer bestimmten Situation auf ein Symbol zurück (z. B. Brot in der Erntedankzeit, aber auch bei einem aktuellen Streit als Zeichen möglicher Versöhnung). Da die Arbeit mit Symbolen aus der Lebenswelt der Kinder in diesem Konzept immer wieder vorkommt, hier nun einige Anmerkungen zur religionspädagogischen Arbeit.

Die Literatur zum Symbol und seiner Begrifflichkeit ist umfangreich und vielschichtig, so dass an dieser Stelle eine abschließende Definition nicht gegeben werden kann. Aber vielleicht gehört es auch zum Wesen des Symbols, dass man es durch Begriffe letztlich nicht eingrenzen kann.

Annäherung: Symbole

- Das Wort Symbol kommt vom griechischen „symballein" und heißt „zusammenwerfen, zusammenfallen, zusammenpassen oder vereinigen". Ein Symbol ist „ein Zusammengeworfenes, aus einem sinnlichen Zeichen und dem Bezeichneten oder dem, was symbolisiert wird" (Peter Biehl). Wir sprechen von einem Symbol, wenn seine sinnlich wahrnehmbare Seite auf eine dahinter liegende, verborgene Wirklichkeit verweist (z. B. der runde Tisch).
- Das Symbol repräsentiert diese verborgene Wirklichkeit, das heißt sie ist wirklich da. „In echt", wie Kinder häufig sagen. Sie ist gegenwärtig sowohl als Wiederholung vergangenen Geschehens als auch als Vorwegnahme von Zukunft (z. B. Brot: Erinnerung an die Tischgemeinschaften Jesu und Vorwegnahme zukünftiger Versöhnungsmahle im Reich Gottes).
- Symbole müssen von einer Gemeinschaft anerkannt sein, d. h. sie haben ihre Zeit, ihren Ort und ihre Bezugsgruppe (z. B. Petrus, der Fels).
- Symbole sind ambivalent, haben eine negative und eine positive Seite (z. B. die Hand, die mich hält und die Hand, die mich schlägt).
- Symbole stellen eine unverzichtbare Vermittlungsfunktion zwischen Gott, Mensch und Welt dar. Sie sind sozusagen die irdischen Gefäße des Schatzes der Wirklichkeit Gottes, damit wir sie be-greifen, er-fassen und er-leben können.

- Das Zeugnis der Bibel macht sich diesen Schatz zunutze (z. B. der symbolische Sinn der Rede von Tag und Nacht in der Berufung des Petrus Lk 5,1ff) und deutet so die Symbole auf Jesus Christus hin. Symbole haben also Dienstcharakter.
- Bei der Arbeit mit Symbolen in religionspädagogischen Zusammenhängen bedarf es der erschließenden Vorarbeit. Durch Sprache, Übungen und ganzheitliche Gestaltung werden die Kinder für das „Tiefer-Sehen" sensibilisiert. Kindern ist symbolisches Denken angemessen, das gilt es auch beim Erzählen zu beachten (z. B. die Rede von dem Wasser, das in das Boot hineinbricht in Mt. 8,23-27: Die Angst, die über mich hereinbricht).
- Es geht es um die Feier des befreienden Kommen Gottes zu den Menschen. Auf diesen befreienden Akt hin beziehen sich die Gestaltung des Rituals und der Umgang mit den Symbolen.

Im ganzheitlichen, sinnhaften Umgang mit Symbolen können wir mithelfen, Kindern die Wirklichkeit Gottes zu erschließen, weil sich so der Reichtum und die Tiefe des biblischen Zeugnisses immer wieder neu öffnen.

Ideen zur Gestaltung

Schatzkiste Religionspädagogik[5]

Diese Einheit lädt ein, exemplarisch, über das Jahr verteilt, immer wieder neu anzuknüpfen an die vorgeschlagenen Symbole und je nach Bedarf einzelne Schritte mit den Kindern zu vertiefen. Insgesamt lässt sich mit der Einheit aber auch in guter Weise eine Informationsveranstaltung für die Eltern gestalten.

Vorbereitung

In der Mitte steht auf einem Tuch eine „Schatzkiste" mit folgendem Inhalt, schichtweise in Tücher gepackt:

- Kerze auf einem Halter – Licht auf meinem Weg (gegen die Dunkelheit)
- Brot – gegen den Hunger
- Wasser – gegen den Durst
- Haus – ein Dach über dem Kopf gegen Kälte und als Heimat
- Seil – das uns verbindet und Halt gibt

Zu diesen einzelnen Symbolen, die nach und nach aus der Schatzkiste geholt werden, werden die Kinder gebeten, ihre Ideen zu äußern. Am besten äußert

---

[5] in Aufnahme einer Anregung von Eva Maria Bauer/Rottenburg

sich zuerst dasjenige Kind, das ein Symbol aus der Kiste geholt hat, dann erzählen auch die anderen Kinder von ihren Erfahrungen.

Als letztes Element ist in der Schatzkiste eine Bibel, die als zum Schluss herausgeholt wird: Die Bibel, in der viele gute Geschichten über Gott und die Welt aufgeschrieben sind.

Die Erzieherin schlägt Psalm 23 auf und leitet ein: In dieser Bibel steht ein Gebet, in dem einige der Symbole aus der Schatzkiste vorkommen.

Gestaltungsvorschlag für eine Mitte
Rund um die Schatzkiste in der Mitte legt sie
ein grünes und blaues Tuch mit dem Wasser;
drei schwarze und ein weißes Tuch mit dem Licht;
ein rotes Tuch und ein kleines rundes weißes Tuch mit dem Brot;
ein orangefarbenes und ein gelbes Tuch mit dem Haus.

Zu den einzelnen Teilen von Psalm 23 gestalten die Kinder aus den Tüchern ein Bild, das ungefähr so aussehen kann: Ein blauer Fluss auf grünem Grund, ein schmaler weißer Weg auf dunklem Tuch zwischen zwei Bergen aus aufgestellten Tüchern, ein weißer runder Tisch auf rotem Grund und ein gelbes Haus auf orangefarbener Unterlage.

Mit einem großen Seil (pro Person etwa 0,5 m) wird ein Kreis gebildet. Die Kinder spannen das Seil nach außen und probieren aus, wie es ist, miteinander und voneinander gehalten zu sein.
Nun wird das Seil abgelegt.
Gemeinsam singen und tanzen alle zum Lied: Wer Gottes Wort hört und lebt danach (siehe S. 20).

Vertiefung zu Psalm 23
Im Folgenden sind Bausteine zu Psalm 23 vorgestellt, die kleinschrittig mit den Kindern im Kindergarten erarbeitet werden können, die aber auch als Gesamtbild für die erschließende Arbeit für Eltern und Mitarbeiterinnen und Mitarbeiter im Kindergarten dienen können.

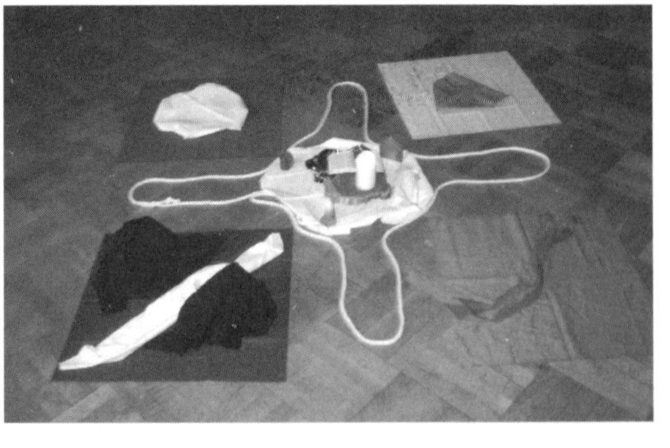

Psalm 23 als symbolische Brücke zur Religiosität von kleinen (und großen) Menschen

Ort im 23. Psalm	Verse 1 – 3a gestärkt werden auf grüner Weide und am frischen Wasser	Verse 3b – 4 auf rechter Straße geführt, getröstet und begleitet im finsteren Tal
Grunderfahrung	Hunger und Durst	Dunkelheit
Bedürfnis	Essen und Trinken	Helligkeit
Begehren	satt an Leib und Seele – erfülltes, sinnvolles Leben	Orientierung, Begleitung Urvertrauen
Symbol	Wasser (Brot)	Licht
Geschichten aus der Bibel und der Lebenswelt der Kinder	Frisches Quellwasser	Julian kann nicht schlafen
Ort im 23. Psalm	Vers 5 den Tisch gedeckt bekommen, den Feinden inm Angesicht	Vers 6 Heimat finden im Haus des Herrn auf immer
Grunderfahrung	Bedrängnis	Kälte
Bedürfnis	Frieden	Wärme
Begehren	Schutz	Geborgenheit, Annahme, Vertrauen
Symbol	Brot (Tisch)	Haus
Begegnungen mit Jesus	Gott lässt kein Kind aus den Augen – Gleichnis vom verlorenen Schaf (Mt 18,10-14)	Gleichnis vom Vater und seinen Söhnen (Lk 15,11-32) Ich wünsche mir ein Haus, das lebt

Lieder

Wer Gottes Wort hört

Text: U. Walter; Musik: traditionell

Tanz

Wer Gottes Wort hört und lebt danach, wird wachsen wie ein Baum.	Handfassung im Kreis. Nach dem Auftakt acht Schritte nach rechts (re-li-re-li-re-li-re-li) und viermal auf der Stelle einen Wiegeschritt machen. (re-li-re-li) Dabei Handfassung lösen und die Hände nach oben recken wie ein Baum im Wind.
Wiederholung des ersten Teils Geborgenheit schenkt sein Blätterdach	Vier langsame Schritte zur Kreismitte, dabei die Hände nach vorn ausstrecken und gemeinsam ein Blätterdach bilden

und standhaft trotzt er jedem Sturm,	Vier langsame, gestampfte Schritte auf der Stelle, alle stehen dabei ganz eng im Kreis und halten sich an den Händen, wie ein großer Baumstamm.
seine Nahrung er aus tiefen Wurzeln zieht.	Vier langsame Schritte zurück zur Kreislinie, die Hände werden dabei in einer weit ausholenden, schöpfenden Bewegung von unten nach oben geführt. Zum Abschluss vier Wiegeschritte auf der Stelle. Dabei werden die Hände wieder nach oben gereckt wie ein starker Baum, dem kein Sturm etwas anhaben kann.
Wiederholung des zweiten Teiles	

Geschichten

Frisches Quellwasser

Früh am Morgen schaut Thomas aus dem Fenster. „Heute ist gutes Wetter, heute können wir es wagen." Nach dem Frühstück ziehen Thomas und seine Mutter ihre Wanderschuhe an. Beide wissen: Es wird ein schwerer Weg auf den Gipfel, den sie sich da ausgesucht haben.
Und doch ziehen sie vergnügt los. Zunächst steigt der Weg langsam an; er ist breit und gut ausgebaut. Doch zunehmend wird er schmaler und steiniger. Einen engen Durchstieg müssen sie bewältigen, in dem es noch dunkel und neblig ist. Die Sonne hat diesen Einschnitt noch nicht erreicht. Aber in der kühlen feuchten Luft geraten sie trotzdem ins Schwitzen. Schon stolpert der Junge über die Steine. Die Beine werden ihm schwer. „Autsch!" Ein vorstehender Ast am Wegrand hat ihm das Knie zerkratzt. Die Fröhlichkeit und Zuversicht vom Morgen ist gewichen. Stumm gehen sie hintereinander her.
Endlich haben sie das Ende des Durchstiegs erreicht und werden mit einem ersten schönen Ausblick für die Mühe belohnt. Doch der Aufstieg bleibt steil und steinig. „Puh, das geht ja ganz schön steil hoch", denkt die Mutter. Auch ihr werden die autogewohnten Beine schwer. „Jetzt nur nicht schwach werden, sonst hält Thomas nicht durch."
„Mama, ich habe Durst! Lass uns eine Pause machen!" – „Du, noch ein kleines Stück. Wenn wir um den Berg herum sind, kommen wir zu einer Quelle. Lass uns dort ausruhen!" – „Ich kann nicht mehr", Thomas stolpert mehr, als dass er geht. Aber er beißt auf die Zähne, er will seine Mutter nicht enttäuschen, er

will es schaffen. Hoffentlich stimmt das mit der Quelle, denkt er, vielleicht will sie mich ja nur trösten? – „Mama, und das stimmt wirklich mit der Quelle?“ – „Genau weiß ich es auch nicht mehr, aber ich kann mich ganz schwach erinnern. Ich habe selbst solch einen Durst.“
Hinter einem Vorsprung mündet der schmale Pfad auf eine kleine Wiese am Hang. „Dort, du hast Recht, da sprudelt Wasser aus dem Felsen!“ Gar nicht mehr so müde springt Thomas über die Wiese und trinkt mit tiefen Schlucken. Das frische Wasser schmeckt wunderbar. Es kühlt die verkratzten Beine, erfrischt das Gesicht. Sie sitzen auf der Wiese und schauen in das Tal.
„Da ist unser Weg.“ Wie eine Schlange windet er sich den Berg hinauf. „Das haben wir zusammen geschafft. Und jetzt schöpfen wir vom frischen Wasser der Quelle und genießen den herrlichen Ausblick.“ Sie packen die mitgebrachten Dinge aus dem Rucksack. Auf dem ausgebreiteten Tuch sieht es wie eine kleine Festtafel aus. Und es schmeckt. Mit ihren Augen verfolgen sie den Flug eines Adlers. Wie schwerelos schwebt er hoch über dem Tal und öffnet ihnen den Himmel und ihr Herz.
Die Mutter lacht ihren Sohn an. „Schön ist es hier zu sitzen, miteinander zu reden und zu essen. Das könnte öfter sein!“

Julian kann nicht schlafen

Heute ist ein aufregender Tag für Julian. Den ganzen Tag ist er mit dem Bus unterwegs gewesen. Zusammen mit seiner Mutter fährt er zu einer Kur auf die Insel Borkum. Seine größere Schwester muss beim Papa zu Hause bleiben, sie geht schon zur Schule. Der Arzt hatte gesagt, es sei gut für Julian, vor der Einschulung ans Meer zu fahren.
Das letzte Stück der Reise mit der Fähre über das Meer ist besonders spannend. Julian zeigt Teddy, seinem Begleiter und Tröster auf langen Reisen, das ganze Schiff.
Auf der Insel fahren sie das letzte Stück mit der Inselbahn. In einem schönen weißen Haus am Strand werden sie begrüßt. Julian bezieht mit seiner Mama ein Zimmer im dritten Stock. Das Zimmer hat einen Balkon, von hier kann Julian das Meer sehen. Und seine Mutter freut sich schon auf einen Mittagsschlaf in der Sonne. Beim Abendessen lernen sie alle anderen Mütter und ihre Kinder kennen. Der Hausverwalter erklärt alles Notwendige. Er erzählt den Kindern auch von Ebbe und Flut, und dass sie nur in Begleitung von Erwachsenen am Strand spielen dürfen. Dann stellt sich die Erzieherin vor, zu der die Kinder morgens in den Kindergarten gehen.
Nun ist es Zeit zum Schlafengehen. Nach der Gute-Nacht-Geschichte drückt die Mutter Julian seinen Teddy in den Arm und sagt: „Gute Nacht, mein großer Junge, ich sitze noch ein wenig auf dem Flur vor unserem Zimmer.“
Julian kuschelt sich an seinen Teddy. Seine Mutter machte das Licht aus und

schließt die Tür. Er hört sie von fern mit den anderen sprechen. Im Zimmer ist es dunkel, nur ab und zu wandert vom Fenster her ein Lichtstrahl an der Wand entlang. Draußen rauscht das Meer, für Julian ist das ein ungewohntes Geräusch. Als er fast eingeschlafen ist, schreckt er plötzlich hoch. Er muss an Ebbe und Flut denken: „Und was ist, wenn das Meer über den Deich kommt?" Er bekommt Angst, so ganz allein. Er nimmt seinen Teddy und geht vor die Tür: „Mama, komm mal, ich kann nicht schlafen!"
Seine Mutter kommt mit ihm ins Zimmer. „Was ist denn los mit dir, Julian?" – „Das Meer ist so laut. Der Mann hat vorhin gesagt, es kommt immer näher. Was ist, wenn die Flut über den Deich läuft?"
„Aber Julian, das Meer steigt nicht mehr höher. Es ist Flut, jetzt geht es schon bald langsam zurück. Und morgen, wenn ihr am Strand spielt, dann kommt es wieder. So geht es hier Tag für Tag und Nacht für Nacht." – „Ach so."
„Ich gehe jetzt wieder, schlaf gut." Die Mutter geht und schließt die Tür. Julian ist nun wirklich müde und sagt zu seinem Teddy: „Brauchst keine Angst zu haben, Teddy, das Meer geht wieder, es rauscht nur so laut!"
Julian ist sehr müde, aber er kann nicht schlafen, selbst wenn er die Augen ganz fest zukneift. Das Licht vom Leuchtturm leuchtet so hell ins Zimmer und die Gardinen werfen Schatten an der Wand. Gruselig sieht das aus, wie Gespenster.
„Aber Teddy, es gibt doch keine Gespenster!" Da wandert schon wieder ein Schatten über die Wand, geradewegs auf sein Bett zu. „Mama!" Julian ist in seinem Bett hochgeschreckt, den Teddy hat er ganz fest an sich gedrückt.
Zum Glück kommt die Mutter ganz schnell. „Mama, komm mal, die Schatten an der Wand, die sind so gruselig, wie Gespenster!"
Da nimmt die Mama Julian ganz fest in den Arm. „Komm, halt dich fest, ich zeig dir was." Ganz fest kuschelt sich Julian an ihren Hals. Die Mutter öffnet die Tür und trägt ihn auf den Balkon. Es ist finster und das Meer rauscht. Nur der helle Strahl des Leuchtturms läuft durch die Dunkelheit, wieder und wieder.
Hinter einer Wolke kommt der Mond zum Vorschein, groß und rund. Und sein Licht strahlt wie eine Silberstraße vom Himmel über das Meer, direkt zu dem großen weißen Haus am Strand mit dem Balkon, auf dem Julian mit seiner Mama steht. „Da, schau, mein lieber Julian, der Mond. Er leuchtet für uns in der dunklen Nacht."
Aber da ist Julian schon ganz fest eingeschlafen.

Gott lässt kein Kind aus den Augen

„Segne uns und mach uns Mut, allen tut dein Segen gut!" Über vierhundert Kinder singen fröhlich am Ende dieses Kinderkirchentages. Jana ist eine von ihnen, aber sie singt etwas leiser. Vorhin hat sie noch geweint, ganz für sich,

kaum einer hat es gemerkt. Einige Jugendliche hatten am Morgen eine Szene auf dem Schulhof gespielt. Da wurde ein Junge so richtig fertig gemacht. Erst haben sie ihn nur ausgelacht, und dann haben sie ihn auch geschlagen.
„Guter Gott, das darf nicht sein, nein, das muss anders werden!" So haben die Kinder dann gesungen. Da konnte Jana noch mitsingen, aber dann hat sie sich geärgert. Der Pastor hat gesagt: „Glücklich sind die Menschen, die Leid tragen, denn sie sollen getröstet werden!"
Jana musste an die Schule denken: „Wenn der wüsste! Soll er doch mal mitkommen in die Schule! Immer diese Sticheleien, nur weil Mama nicht das Geld für die teuren Turnschuhe hat, die die anderen alle tragen. Und dann schimpft auch noch die Lehrerin, wenn ich meine Hausaufgaben mal nicht so ordentlich gemacht habe. Aber nachmittags bin ich immer allein zu Hause, da habe ich oft einfach keine Lust auf Hausaufgaben. Seit Papa nicht mehr zu Hause wohnt, muss Mama immer bis abends um acht Uhr arbeiten. Aber das ist immer noch besser als der ständige Streit. Wer passt eigentlich auf mich auf, wenn alle gemein zu mir sind?"
Wenn Simone nicht gewesen wäre, wäre Jana nach Hause gegangen. Simone ist die große Tochter der Nachbarin und hat Jana zu diesem Kinderkirchentag eingeladen. Mit Simone ist sie in eine Gruppe gegangen und hat dort berichtet, wie es ihr in der Schule ergangen ist. Danach konnte sie auch wieder auf die Geschichte hören, die Simone erzählt hat.
„Passt auf, hütet euch, behandelt kein Kind schlecht!", hat Jesus gesagt. „Ich sage es euch, Gott lässt kein Kind aus den Augen! Wie ein guter Hirte, der hundert Schafe hat. Wenn sich eines davon verläuft, was glaubt ihr, was er tut? Er lässt die neunundneunzig allein und sucht das Verlorene, bis er es findet. Und dann freut er sich! Gott will nicht, dass auch nur einem ein Kind Leid zugefügt wird!"
Nach der Geschichte hat Jana ein Bild gemalt: Einen großen Schulhof mit vielen, vielen Kindern. Und ganz allein in der Ecke sitzt Jana. Ganz allein? Wenn du genau hinsiehst, erkennst du ihn, einen Schutzengel. Er passt auf Jana auf und er tröstet sie.
Ganz leise singt Jana die letzte Strophe mit: „Segne uns und mach uns Mut ..." (Mt 18,10-14)

Ein Vater freut sich – ein Sohn findet nach Hause zurück
Ein Vater lebt mit seinen beiden Söhnen auf einem großen Hof. Der Jüngere von den beiden ist ein lebhafter Junge. Den ganzen Tag über gibt es für ihn auf dem Hof etwas zu entdecken. Und oft vernachlässigt er darüber seine Arbeit.
Dann macht sich sein Vater Gedanken über ihn: Ob er seinen Weg findet?
Der ältere Sohn ist ganz anders als sein Bruder. Er ist eher zurückhaltend, redet wenig, bleibt zu Hause und arbeitet auf den Feldern seines Vaters. Nicht,

dass er nicht auch Träume und Wünsche hat, doch er ist zufrieden mit dem Leben, so wie er es auf dem Hofe vorfindet.
Eines Tages geht der Jüngere zu seinem Vater: „Vater, gib mir das Erbteil, das mir zusteht. Ich möchte es ausbezahlt haben, denn ich will in die Welt hinausgehen." Und es geschieht so, der Vater zahlt ihm das Erbe aus.
Der jüngere Sohn packt seine Sachen, verabschiedet sich und zieht los. Er will die Welt entdecken. Er will sein Glück finden. Und es geht ihm gut dabei. Ein Mensch wie er findet schnell Freunde. Er macht sich keine Gedanken um den nächsten Tag. Warum auch? Er hat alles, was er will: Essen und Trinken, viele Freundinnen und Freunde. Mit seinem Geld kann er sich jeden Wunsch erfüllen. Doch mit dem Geld ist das so eine Sache. Eines Tages ist es aufgebraucht. Und dann merkt er: Schnell sind auch alle Freunde fort. Ganz still wird es um ihn. Er denkt bei sich: „Was habe ich nur gemacht? Das Erbe meines Vaters ist nicht mehr da. Meine Freunde sind weg. Ich habe nichts mehr zu trinken und zu essen. Was soll ich nur tun?" Der Hunger wird immer größer, aber niemand gibt ihm etwas zu essen. Endlich findet er Arbeit auf einem Bauernhof, als Schweinehirt. Manchmal, wenn niemand hinsieht, greift er in die Bottiche mit dem Fraß der Schweine. So groß ist sein Hunger.
Nichts mehr ist geblieben von seiner Fröhlichkeit. Immer öfter kommt ihm jetzt sein Vater in den Sinn. Aber er denkt: „Das ist nicht mehr dein Zuhause. Du selbst hast es so gewollt." Aber der Gedanke an den Vater lässt ihn nicht los. „Dem untersten Knecht auf Vaters Hof geht es besser als mir. Ich werde zurückkehren und ihm sagen: 'Vater, nach allem, was ich getan habe: Ich verdiene nicht, dass ich dein Sohn bin. Aber bitte, lass mich bei dir arbeiten."
Er macht sich auf den langen Weg nach Hause. Langsam geht er, denn seine Schritte sind schwer. Immer wieder sagt er den Satz: „Ich verdiene nicht, dass ich dein Sohn bin, aber lass mich als Knecht bei dir arbeiten." Endlich taucht in der Ferne der Hof seines Vaters auf.
Der Vater hat seinen Sohn nicht vergessen. Als er ihn von weitem sieht, läuft er ihm entgegen, fällt ihm um den Hals und küsst ihn. Lange stehen sie so da: der alte Vater, stattlich gekleidet, und sein jüngster Sohn, abgerissen, dreckig und weinend. Nach einiger Zeit flüstert der Sohn: „Vater, meine Wege waren falsch. Ich bin nicht wert, dein Sohn genannt zu werden." Doch was macht der Vater? Er ruft alle auf dem Hof zusammen: „Schnell, schnell! Holt Kleider und Schmuck, sorgt für meinen Sohn, steckt ihm einen Ring an und kleidet ihn wie meinen Sohn. Und ihr anderen, schlachtet das Mastkalb! Wir wollen feiern und fröhlich sein! Seht her, mein Sohn ist wieder da! Er war tot, und jetzt ist er wieder lebendig. Er war verloren und ist wiedergefunden." Und sie feiern ein großes Fest.
Am Abend kommt der ältere Sohn von der Feldarbeit nach Hause. Schon von Ferne hört er Musik und riecht den Duft des Festessens. Er winkt einen

Knecht zu sich. „Was ist hier los?" – „Stell dir vor, dein Bruder ist zurückgekehrt. Dein Vater freut sich so sehr, dass er das Mastkalb schlachten ließ. Komm hinein, das Fest ist schon in vollem Gange."
Zornig wendet sich der Ältere ab. „Ich betrete dieses Haus nicht!" Das hört der Vater und geht hinaus zu seinem Ältesten. Der ist ärgerlich: „Jahrelang schufte ich für dich, Tag für Tag. Nie hast du für mich ein Fest ausgerichtet. Und jetzt feierst du mit diesem Nichtsnutz?" Der Vater schaut ihn an und sagt: „Mein Sohn, du bist immer bei mir. Was mir gehört, das gehört dir. Dein Bruder aber war tot, doch er ist wieder lebendig. Er ist verloren gegangen. Aber nun ist er wiedergefunden und zurückgekehrt zu mir und zu dir. Komm, lass uns feiern!"
(nach Lk 15,11-32)

Ich wünsche mir ein lebendiges Haus!

Ich wünsche mir ein lebendiges Haus!
    Aber das gibt es doch gar nicht!
Ich weiß, aber ich wünsche es mir trotzdem!
    Und wie soll das aussehen?
Auf jeden Fall soll es viele Fenster haben, damit die Sonne hinein scheinen kann.
Und viele Zimmer, eins zum Kuscheln, eins zum Toben,
eins zum Essen und Trinken, eins zum Schlafen –
    Aber das gibt es doch schon!
Ich weiß, aber manchmal ist es in solchen Häusern trotzdem nicht schön!
Da ist keiner zum Kuscheln, wenn ich kuscheln will.
Und wenn ich mal allein sein will, dann stört mich bestimmt mein Bruder.
Und beim Essen ist Streit.
Und wenn ich schlafen gehe, habe ich schlimme Träume.
Dann habe ich Angst und bin ganz allein.
Außerdem, eine Katze darf ich auch nicht haben, wegen der Nachbarn!
    Vielleicht liegt das ja auch an den Menschen in den Häusern.
Natürlich, sag ich doch die ganze Zeit!
Ich wünsche mir ein Haus, das lebt!
Wenn ich Angst habe, werde ich getröstet.
Und wenn es finster ist, da kommen Mama und Papa mit einem Licht.
Und wenn was ganz Schlimmes passiert,
dann nehmen sie mich in den Arm und sagen: Es wird wieder gut.
Und wenn wir zusammen toben, dann ist das Leben schön,
und wenn wir kuscheln, fühlen wir uns wohl.
    Und wenn Menschen kommen, die kein Dach über dem Kopf haben oder ganz traurig sind?

Dann sollen die auch reinkommen dürfen, ist ja Platz genug.
Und abends, wenn ich müde bin, dann lege ich mich in mein Bett unter dem Dach mit dem großen Fenster.
Dann schaue ich in die Sterne und wir beten:

Guter Gott, wir danken dir
für diesen schönen Tag.
Schütze und bewahre uns
in der dunklen Nacht.
Schenke Frieden deiner Welt,
segne unser Haus.
Unter deinem Himmelszelt
ruhen wir uns aus.

Was habt ihr da für einen Brauch?

Feiern und Erzählen im Tages-, Wochen- und Jahresrhythmus

Einführung

Rituale

Die im ersten Kapitel beschriebenen Wege der Begegnung zwischen der Lebenswelt der Kinder und den Inhalten unseres Glaubens geschehen im Alltag der Einrichtung oft unvermittelt. Aber sie geschehen auch in vorbereiteten Strukturen, in Ritualen, die den Tag, die Woche und das Jahr gliedern und ihnen eine verlässliche Ordnung geben.
In dieser Weise zielt religiöse Erziehung auf Beheimatung: Eine Vertrautheit wird möglich, aus der Mut wächst, Neues zu erfahren. Und: Die Beheimatung in einer Religion befähigt Kinder, sich auf die Begegnung mit Menschen anderen Glaubens einzulassen.
Dabei gewinnen Rituale im Kindergartenalltag Bedeutung. Sie bieten den Kindern Orientierung für die wichtigen Fragen hinter ihren Fragen: Was hält die Welt zusammen? Wer bin ich? Wo komme ich her und wo gehe ich hin? Unser Leben gestaltet sich als gegliederte, ritualisierte Zeit. Insbesondere für Kinder stellen diese Lebensrhythmen eine verlässliche Grundlage dar. Dabei kommen weitere Dimensionen dazu: der Raum, die Zeit, bestimmte Personen bringen uns in eine Gestimmtheit, die uns für Formen symbolischer Kommunikation öffnet. Auch Alltagsrituale sind oftmals religiösen Ursprunges und prägen unser Leben stärker, als uns bewusst ist. Sie gewähren Orientierung, Sicherheit und ein Gefühl der Zusammengehörigkeit.
Kinder lieben wiederkehrenden Formen (Begrüßen, Verabschieden, Zubettgebrachtwerden, aber auch Bräuche, die das Jahr gliedern, wie z. B. Advent, Geburtstage usw.). Sie wecken das Vertrauen der Kinder, einen Platz in der Gemeinschaft zu haben und lassen sie in Traditionen hineinwachsen.
In der Einrichtung bietet sich die Möglichkeit, Zeiten rituell zu gliedern und damit Rituale (und Symbole, siehe Einführung zum vorigen Kapitel!) des Zusammenlebens einzuüben. Dabei geht es nicht um erstarrte Formen, sondern um Formen, die angemessen und echt sind und Freude bereiten. Dies umso mehr, als manche Kinder aus ihren Familien kaum noch wiederkehren-

de Formen kennen. Insbesondere auf zwei zeitlichen Ebenen kann dies geschehen: im Ablauf des Tages und des Jahres.
Im Verlaufe des Tages können wir an bestimmten Punkten gemeinsame Rituale entwickeln und sie mit religionspädagogischen Inhalten gestalten. Ich nehme dabei den Ablauf der Liturgie des Gottesdienstes als Hintergrund. Da lohnt es sich, einmal genauer anzuschauen, was dort geschieht, und wie wir es gestalten. Lydia Laucht hat in ihrem Buch „Heute will ich zu dir kommen" menschliche Alltagsbegegnungen und die Begegnung im Gottesdienst gegenübergestellt.

Alltag	**Gottesdienst**
I Wir kommen, wir geben uns die Hand, wenden uns einander zu.	I. Wir gehen in den Gottesdienstraum, begrüßen uns, wenden uns Gott zu (singen, beten).
II. „Was gibt es Neues?" Wir sprechen miteinander.	II. Wir setzen uns, hören auf das Evangelium. Wir antworten „mit Herzen, Mund und Händen"
III. „Komm, wir wollen zusammen etwas trinken." Wir feiern.	III. Zum Essen/Feiern gehen wir nach vorn und stehen dann um den Altar (Abendmahl) oder setzen uns in einen Kreis.
IV. Wir danken, tragen Grüße an andere auf, verabschieden uns.	IV. Wir fassen uns an den Händen, beten für andere, empfangen den Segen, verabschieden uns.

Auf diesem Hintergrund haben wir viele Möglichkeiten der Gestaltung:
- eine Begrüßungs- und Einstimmungsrunde am Morgen (wenn alle da sind)
- eine kleine Einheit mit einer Geschichte und anschließender kreativer Phase zusammen oder in einer Teilgruppe
- eine gemeinsam gestaltete Mahlzeit (einschl. Vorbereitung) oder eine Feier (Geburtstag, Erntedank, etc.)
- der Abschluss des Kindergartenvormittages (Lied, Tanz, Segen)

Ziel ist, in einem lebendigen Ritual mit den Kindern zu feiern. Eine solche Feier bedarf eines verstehbaren Ablaufes. Das, was wir im Gottesdienst mit Liturgie (nicht Lethargie!) bezeichnen, meint dabei den lebendigen und immer spannungsvollen Bogen zwischen der Identität des Gottesdienstes als Feier der Begegnung mit Gott und der immer wieder neu zu stellenden Frage nach der Relevanz des Gottesdienstes für die versammelte Gemeinde. Die Liturgie umgreift also den ganzen Gottesdienst.

In der Geschichte des christlichen Gottesdienstes haben sich Elemente und Strukturen herausgebildet, die die gottesdienstliche Gestaltung geprägt haben, wobei sie je nach theologischer Tradition unterschiedlich gewichtet wurden.

- Eröffnung und Anrufung – mit Leib und Seele ankommen – Zusammenkommen und Beten
- Verkündigung und Bekenntnis – die Botschaft wahrnehmen – hören und antworten
- Abendmahl – miteinander ein Leib werden – feiern
- Sendung – mit dem Segen weitergehen – bitten und segnen

Unsere Rituale im Kindergarten können sich an diesen Strukturen orientieren, denn auch in ihnen geht es um Begegnung: Kinder und Erzieherinnen nehmen sich in besonderer Weise wahr, und mit der Anrufung Gottes verbindet sich die Hoffnung auf seine Gegenwart.

Dabei können alle Elemente, die zur Verfügung stehen, je nach Bedarf und Anlass genutzt werden: Es gibt feste, wiederkehrende Stücke, Wiederholung, die Geborgenheit schenkt; und wechselnde Stücke, Abwechslung und neue Anstöße.

So gehört zu einem lebendigen Ritual immer auch die Frage nach wiederkehrenden Elementen. Neben den feststehenden Stücken und Gebeten können dies ein Gebet oder ein Lied sein. Aus dem Vertrauten wächst das Vertrauen, sich auf Neues einzulassen. Die Planung soll dabei offen sein für das Unvorhergesehene. Was ist gut für das Feiern der Kinder im Moment? Hilft es ihnen, in der Ordnung zu sein, in aller Ruhe noch den eigenen Gedanken nachzuhängen und evtl. ein kleines Stück auf der Gitarre dabei zu hören? Oder muss erst durch Bewegung dem Selbstausdruck der Kinder Raum gegeben werden, damit sie wieder zurückfinden zur Ruhe? An dieser Stelle wird es wichtig sein, auf Augenhöhe mit der Gestimmtheit der Kinder zu sein.

Auf diese Weise wird es zu lebendigen Gottesdiensten, Feiern und kleinen Ritualen mit Herzen, Mund und Händen – und dabei mitnichten ohne Verstand – kommen, und dabei wird wahrgenommen, was bei der Gestaltung zur Verfügung steht:

- Kinder brauchen Raum zur Stille, um zu sich selbst zu finden, und um zu hören. Stille heilsam erleben, diese Erfahrung möchten Kinder nicht missen. Dennoch stellt es eine Herausforderung an die Gestaltung dar. Es bedarf der eigenen Wahrnehmung und Vorbereitung der Mitarbeiterinnen und Mitarbeiter und der Übung mit den Kindern. Schließlich geht es um eine Einstellung und Haltung und nicht um ein „Machen“.
- Und Kinder brauchen Raum für Bewegung, für das aus sich Herausgehen,

zum Antworten mit Leib und Seele, in Klage und Lob, Bitte und Dank. Die Bewegung ist der andere Pol, den Kinder in sich tragen, und dem ein angemessener Raum zusteht. Im Wissen um den Ort von Stille und Bewegung lässt sich beides aushalten, für die Kinder, aber auch für die Mitarbeiterinnen und Mitarbeiter. Im Singen, Tanzen, Spielen, ja auch mal im ausgelassenen Toben werden kreative Kräfte frei, die eine lebendige Antwort auf das Gehörte sein können, oder der Bearbeitung von Erfahrungen dienen, die Kinder aus ihrer unmittelbaren Umgebung mitgebracht haben.

- Welche Sinne werden angesprochen, welche selten oder gar nicht? Was gibt es zu sehen und zu hören, zu tasten und zu spüren, zu schmecken und zu riechen? Wie wird das Sprechen und Singen bewusst gestaltet? Werden die musikalischen Möglichkeiten der Liedbegleitung, der Unterstützung der Rhythmen durch Klatschen, und das Singen im Wechsel genutzt? Gerade so, mit einfachen Kehrversen, Liedzeilen und Kanons wird auch den jüngeren Kindern Beteiligung ermöglicht. Welche Möglichkeiten zur Bewegung bieten sich? Werden die freien Räume für einen Kreistanz genutzt oder erschließen sich die Kinder den Kirchenraum ab und zu mit einem Reihentanz oder einer Prozession?
- Welche Gesten kommen vor und was drücken sie aus?
- Wie sieht es mit der Zeitgestaltung aus? Ist der Zeitpunkt richtig, der Anfang verlässlich, die Dauer angemessen?
- Wie ist der Raum gestaltet, in dem die Feier/ein Gottesdienst/ein Ritual stattfindet? Wenn der Raum nicht in besonderer Weise Atmosphäre schaffte, positiv oder negativ, hätte sich wohl keine Pädagogik des Raums entwickelt.
- Die Personen, unterschiedliche Menschen mit unterschiedlichen Erwartungen und unterschiedlicher Tagesform feiern gemeinsam. Wie sind sie beteiligt?

So kann mitten im Alltag des Kindergartens eine lebendige Feier stattfinden, in der Gott wirklich ankommen kann bei den Kindern und wo die Kinder vorkommen mit ihrer besonderen Weise zu leben und zu glauben.

Mit Kindern in der Tageseinrichtung beten

Teil der (ritualisierten) Spiritualität von Kindern ist das Gebet. Im Anschluss an die folgenden Gedanken findet sich ein Weg, mit Kindern zu Worten zu finden, mit denen sie zu Gott reden können. In elementarer Weise werden sie in das Klagen und Loben, Bitten und Danken eingeführt.
Das Gebet, auch eingebunden in ein verlässliches Ritual, gibt Kindern, was sie zum Leben brauchen, oder in Anlehnung an F. Betz formuliert, was ihre Seele frei atmen lässt.

1. Kinder brauchen Vertrauen und Geborgenheit.
Im Gebet als Zwiesprache mit Gott können sie erfahren: Gott ist bei uns; ein guter Begleiter, der uns nicht verlässt.

2. Kinder wünschen sich eine sichere Zukunft und bringen ihre Gabe der Phantasie ein.
Im Gebet ist Raum zum Klagen und Bitten. Die Kinder können erfahren: Vor Gott dürfen wir alles bringen, was uns Angst macht und bedrückt. Von Gott dürfen wir viel erwarten.

3. Kinder haben ein Gespür für die größere Wirklichkeit, die das Sichtbare übersteigt.
Darum wird unsere Sprache in den Gebeten mit Kindern elementar und bildreich sein. Aus den Psalmen kennen wir solche Bilder, in denen sich Gott zu erkennen gibt (ein bergendes Haus, ein wärmendes Licht in der Finsternis, eine schützende Burg, des Freundes leitende Hand u. v. a.).

4. Kinder möchten ihre Welt eigenständig erkunden und wollen, dass sie in ihr gut leben können.
Das Gebet kann uns anleiten, mit den Kindern über Gottes gute Schöpfung zu staunen. Im Loben und Danken bringen wir unser Erstaunen zur Sprache: Es ist gut, Gottes Geschöpf in seiner wunderbaren Welt zu sein, er hat sie geschaffen und will sie erhalten. Wir dürfen seine Mitarbeiterinnen und Mitarbeiter sein.

5. Kinder sind auf der Suche nach sich selbst, nach Anerkennung und Identität.
In der Zwiesprache des Gebetes erfahren Kinder auch den Zuspruch Gottes: Ich bin bei Gott mit Namen genannt, er liebt mich und hilft mir auf meinem unverwechselbaren Weg durchs Leben.

6. Kinder brauchen klare Vorstellungen über richtiges und falsches Verhalten.
Zum Beten gehört darum ebenso: Ich lasse mir etwas sagen, ich bin bereit, auf Gottes Willen zu hören. Die Kinder erfahren: Du bist nicht allein auf der Welt, Gottes Liebe gilt allen Menschen. Er sagt uns, was gut und schlecht für uns ist, damit wir in der Gemeinschaft der Menschen und in seiner Schöpfung in Gerechtigkeit und Frieden leben können.

7. Kinder brauchen Vergebung, um Mut zum eigenen Handeln zu bekommen.
Im Gebet können wir aussprechen, was uns belastet und wovon wir frei werden wollen. Auch Kinder dürfen erfahren: Gott verzeiht, ohne nachzutragen. In dieser Gewissheit schöpfen sie Mut zu neuem Handeln.

Mit diesen sieben Punkten wird versucht, Bedürfnisse und Erfahrungen von Kindern zu benennen, die ja immer ganzheitlich sind.

Für das Beten mit Kindern gilt darüber hinaus (in Anlehnung an R. Tschirsch): Das Kindergebet muss wahr sein

- vor dem Denken und Empfinden der Kinder,
- vor dem Denken und Gewissen der Erwachsenen
- und vor der frohen Botschaft von der befreienden Liebe Gottes in Jesus Christus

Für das Gebet in der Tageseinrichtung oder im Gottesdienst gilt darüber hinaus, dass es öffentlichen Charakter hat, darum muss die Persönlichkeit und Intimsphäre der Kinder geschützt werden.

Das Beten im Gottesdienst oder in der Gruppe geschieht immer auch stellvertretend für die anderen. Zu unterscheiden sind hier: das freie Gebet; das vorformulierte Gebet (aus einer Sammlung oder selbst verfasst); überlieferte Gebete (Psalmen, Vaterunser). In diesen Gebeten drücken sich Lob und Klage, Bitte und Dank aus, je nach Thema an den verschiedenen Stationen der Liturgie. Die ganze Gruppe bzw. Gottesdienstgemeinde kann beteiligt sein, egal ob eine(r) allein oder alle gemeinsam sprechen oder das Gebet im Wechsel mit einem Kehrvers gestaltet wird. Dabei sind besonders die Kinder auf geprägte Formen angewiesen, die sich wiederholen und verlässlich sind. Darum braucht das Gebet um der Kinder willen die konzentrierte Gestaltung; weder lärmende Hektik noch andressierte Ruhe sind dabei hilfreich.

Ein Lobgebet darf fröhlich und bewegt sein, gesungen und getanzt, auch die Klage darf laut werden. Aber es gibt auch die heilsame Stille, die vom Reden zum Hören auf Gott lenkt. Dies kann mit angemessenen Gebetsgebärden betont werden, wobei sie als Hilfe, nicht als Vorbedingung für das Gebet zu sehen sind.

Im Kindergarten beginnt die Einübung in das Gebet mit den Dimensionen der Bitte und des Dankes. Hier können sich die Kinder konkret und anschaulich einbringen. Die Dimensionen von Klage und Lob kommen dazu, als Dimensionen, die eher eine Einstellung und Haltung ausdrücken. Dabei dient die Klage der Entlastung, während das Lob im Angesicht der Schönheit der Schöpfung über das Staunen und die Freude hinaus den Blick schärft für unsere Verantwortung für das Geschenk Gottes an uns.

Erzählen lernen

Was raten wir Menschen, die den Weg des Erzählens gehen möchten, was trauen wir ihnen zu?
Es gibt in dieser Zeit viele gute Kinderbibeln, in denen wir Vorlagen für erste Erzählschritte finden können.
Dabei kann der Weg zunächst durchaus vom Vorlesen ausgehen. Aus der Übung, Texte laut zu lesen, und sie dadurch zu strukturieren, Worte zu betonen, wächst das Gespür für das Malen mit Sprache. Und es erlaubt erste Schritte, den Text so zu verändern, wie er den Vorlesenden angemessen ist.
Das Erzählen lebt vom Wecken der Phantasie. In Übungen, die sich seit vielen Jahren bewährt haben, kann solche Phantasie und Kreativität geweckt werden. Lehrer/innen kommen heute ja nicht aus jenem imaginären „Tal der Ahnungslosen", das frei ist von Antennen, Kabeln und Satellitenschüsseln. Ihr Erfahrungshorizont bedarf der neuen Aufmerksamkeit auf die Kraft der inneren Bilder. Bei solcher Phantasiearbeit geht es des Weiteren um die Entdeckung: Erzählen ist ein kommunikatives Geschehen.

Ich möchte jedenfalls Mut machen, das Handwerk des Erzählens zu erlernen. Es werden dabei mehr Talente entdeckt, als angenommen. Aber die Klarheit der Bilder und Worte fällt auch nicht wie gebratene Tauben vom Erzählhimmel. Es bedarf des Erlernens wie bei jedem richtigen Handwerk. Auch dort gibt es bekanntlich bessere und schlechtere, aber die Lehre gehört dazu. Und manche merken dann auch, dass ihre Gaben auf einem anderen Gebiet liegen. Nicht wenige werden aber auch Künstler ihres Handwerks, was zweifellos an ihrer besonderen Gabe liegt. Und es wird dann zu einem Gewinn für alle, wenn die Freude von den Erzählenden auf die Zuhörenden überspringt und die gespannte Aufmerksamkeit der Zuhörenden den Erzählenden jene Souveränität verleiht, die die Phantasie beflügelt und die Gedanken und die Bilder klar werden lässt.

Eigentlich geschieht schon beim ersten Blick auf den Text, der erzählt werden soll, ein kleines Wunder. Da sind Zeichen, meist schwarz auf weißes Papier gedruckt. Diese Zeichen sind in einer bestimmten Reihenfolge angeordnet. Nun haben wir gelernt, diesen Zeichen Bedeutung zu geben. Eines dieser Zeichen heißt z. B. „B". Und innerlich formen wir den Laut, so wie wir es am Schulanfang gelernt haben. Wir schließen die Lippen und pressen den Atem aus. Das klingt noch nicht. Doch schon der nächste Buchstabe gibt einen Laut dazu, es ist ein „A". Nun beginnt es zu klingen. Zwei Buchstaben dazu, und unsere Augen erkennen die Zeichenfolge: „BAUM". Wir formen den Laut durch das Öffnen und Schließen unserer Lippen und geben den Vokalen A und U ihren

Klang. Nun ist es schon passiert: Vor unseren Augen entsteht ein Bild von einem „Baum". Ganz einfach und elementar, und so „funktioniert" auch das Erzählen!

Es geht also darum, die im Text enthaltenen Zeichen wieder in lebendige Bilder umzuformen. So, wie einst ein „Baum" einem Menschen vor Augen stand, der ihn in die Zeichenfolge „BAUM" gebracht hat, so entwickeln wir, ausgelöst durch diese Zeichen, wiederum ein Bild. Doch wird es vermutlich ein anderer Baum sein. Aber eben kein Tisch, kein Haus oder was auch immer. Die Kunst besteht nun darin, bilderweckend zu erzählen. Und zwar so, dass der Erzähler nachhaltig vor Augen sieht, was er erzählt, und so den Zuhörerinnen und Zuhörern die Möglichkeit gibt, eigene Bilder in ihrer Phantasie zu entwickeln. Ein sehr phantasievoller und kreativer Prozess des Weckens innerer Bilder beginnt. Bilder, die durch Vorerfahrungen auf der Fotoplatte unserer Seele gespeichert sind, oder die wir auch neu schöpfen!
Über diese Bilder kommt es zum Verstehen von Zusammenhängen. Die Bilder des eigenen Lebens sind offen für neue Variationen, die in einer Erzählung angeboten werden.

Gilt das auch für das Erzählen biblischer Texte?
In den Gleichnissen Jesu geschieht solches „neue Sehen". Jesus nimmt die Bilder der Menschen seiner Zeit auf und er öffnet sie gleichzeitig für die neue Wirklichkeit Gottes, mit den Worten des Neuen Testamentes „das Reich der Himmel". Ein unscheinbares Senfkorn wird zum großen Baum, weiß doch jedes Kind, oder? Ein Hirte geht dem einzelnen verlorenen Schaf nach und lässt 99 Schafe zurück, würde doch jeder so machen, oder? Natürlich, nüchtern betrachtet – nein, aber schon hat sich die neue Denkmöglichkeit im Kopf der Zuhörenden eingenistet. „Die neue Wirklichkeit des Himmelreiches."
Zunächst aber ist der mir vorliegende Text noch nicht „mein Text".

Die Bilder, in denen uns die Bibel Gottes Liebe nahebringt, die geschichtlichen Zusammenhänge der Begleitung des Volkes Israel durch seinen Gott, die Auswirkungen der Verkündigung Jesu in Galiläa und Jerusalem, alles das bietet uns in heutiger Zeit auch sperrige und schwer zugängliche Bilder. Alle Texte der Bibel sind ja über Generationen mündlich weitererzählt worden, bis sie schließlich schriftlich fixiert, also festgeschrieben wurden. Bis dahin waren die Erzählungen im Fluss, haben sich verändert. Je nach Zuhörergemeinde und ihren Umständen und im Vorverständnis der Erzählenden entstanden neue Varianten.

Erzählen – ein notwendiges Medium in der religiösen Erziehung
Das lebendige Erzählen, Auge in Auge, in vertrautem Kreis, ist eine ganz besondere Form der unmittelbaren Zuwendung, nach der Kinder sich sehnen. Nicht nur der Inhalt, auch die Art und Weise des Erzählens machen deutlich: Gott wendet sich den Kindern in Liebe zu. Hier wird Gott erfahrbar, spürbar als der, der Trost spendet oder Orientierung bietet. Das Erzählen könnte also als kommunikative Sprachform aus der Zeit vor dem Buchdruck ein notwendiges Medium für die Verkündigung in der von vielen schon heute „Ära nach dem Buchdruck" genannten Zeit sein, die es einzuüben und zu pflegen gilt. Das Erzählen ist ein dialogisches Geschehen, daher fordert es die Kreativität der Zuhörerinnen und Zuhörer heraus und weckt bei ihnen innere Bilder. Gerade die heutigen Kinder, deren Kindheit so anders ist als früher, brauchen notwendig Geschichten. Dabei geht es um die einfache Form des Erzählens, die die Phantasie der Kinder aktiviert, innere Bilder auszuformen. Kinder wollen Geschichten immer wieder hören, bis sie sich in ihnen zu Hause fühlen. Eine Erzählung ist wie ein vertrautes Haus, das aber offene Fenster und Türen hat. Es macht Mut zum Hinausgehen mit dem Schutz des Vertrauten im Rücken.

Und nicht zuletzt: Das Erzählen ist eine ursprüngliche Form biblischer Sprache. Das Volk Gottes, das jüdische Volk, hat seinen Bestand über lange Generationen durch das Erzählen gesichert. Mit der Tradierung der Geschichten der Befreiung aus der Knechtschaft in Ägypten, dem Bundesschluss am Sinai und der Landnahme konstituiert sich ein Erzählzyklus, der bis in die Erziehung hinein große Bedeutung hatte. So wird an diese Geschichte in Psalm 78 erinnert, eingeleitet von der Aussage in Vers 3: „Was wir gehört haben und wissen und unsere Väter uns erzählt haben, das wollen wir nicht verschweigen ihren Kindern."

Auch das Christentum war ursprünglich eine Erzählgemeinschaft. Erst viel später sind die Erzähltraditionen schriftlich festgehalten worden. Zu diesem Zeitpunkt waren sie schon über mehrere Generationen weitergegeben worden. Auch Jesus von Nazareth hat erzählend die Wirklichkeit Gottes seinen Zeitgenossen vor Augen geführt. Er hat vom Reich Gottes in Gleichnissen erzählt, ja, er hat auf logische Argumentationen mit Geschichten geantwortet (Lk 10,25ff).

Auch von Jesus von Nazareth wird erzählt: Ausgehend von der Überlieferung der Leidensgeschichte und den Osterberichten haben die ersten Christen schon früh durch ihr Erzählen bezeugt: Jesus, der Sohn Gottes, ist uns nahe. Im Erzählen seiner Lebensgeschichte ist der Auferstandene gegenwärtig. Wie er den Jüngern zu Emmaus in Brot und Wein erschien, so ist er auch uns in den nachösterlichen Erzählungen von den Begegnungen mit ihm gegenwärtig. Die Geschichte der Sturmstillung nach Mt 8,23ff wird dann zur Trostgeschichte der Gegenwart des Auferstandenen im Angesicht von Gefahren der Gemeinde.

Auch wir sind heute angewiesen auf das Erzählen dieser biblischen Botschaft, die wir in schriftlicher Form vorliegen haben. Denn in der biblischen Botschaft kommen Erfahrungen mit Gott zum Ausdruck, die wir hörend nachvollziehen können. Die Sprache der Bibel ist konkret, nicht abstrakt. Die Urthemen des Menschseins: Geburt, Krankheit, Tod, Trennung, Unterwegssein und Zweifel werden aufgeschlossen für die Erfahrung: Gott ist bei uns. Gottes Menschlichkeit führt sich erzählend in die Welt ein.

Daher gilt: Weil Gott, wie ihn uns die Bibel bezeugt, ein lebendiger Gott ist, gibt es von ihm zu erzählen. Nicht nur für viele Kinder sind heute die Erzählungen von Jesus von Nazareth, dem Sohn Gottes, Erstbegegnungen mit dem christlichen Glauben.

Im Erzählen werden die Erfahrungen der handelnden Personen zu den Erfahrungen der Zuhörer.
Auf dieser Grundlage nun folgt nun in aller Kürze eine Anleitung zum Erlernen des „Handwerks mit dem Mundwerk“, oder anders gesagt, wie das „Kino im Kopf“ bei Erzählenden und Zuhörenden aktiviert werden kann.

Das kleine 3 x 3 des ErZÄHLens

Ein Text wird LEBENDIG

Erzählen ist Kino im Kopf. Nur von dem, was du beim Erzählen vor Augen hast, können sich deine Zuhörerinnen und Zuhörer eigene Bilder machen.

Schaue auf jede Geschichte, als ob du sie zum ersten Mal siehst. Entdecke das Neue, veranschauliche dir das Drehbuch und gliedere in Szenen.

Gib deiner Phantasie freien Lauf, sieh, hör, fühl, riech und schmeck, was es in den Szenen zu entdecken gibt. Dabei nimm die Personen, Orte und Zeiten wahr.

ANSCHAULICH erzählen

Das, was deine Phantasie dir eingibt und deine Erzählung lebendig und spannend macht, das wähle mit Bedacht aus. Was passiert in den einzelnen Szenen? Was sprechen, denken und fühlen die Personen der Geschichte?

Komme auf den Punkt: Wozu willst du heute gerade diese Geschichte erzählen? Auf welchen Weg willst du deine Zuhörerinnen und Zuhörer einladen?
Alles, was dir besonders wichtig ist, schreibe dir auf und/oder lerne es „by heart".

Eine gute Erzählung kannst du veranschaulichen; eine schlechte Erzählung wird auch durch Methoden der Veranschaulichung nicht besser.

LEBENDIG und ANSCHAULICH von Gottes Liebe erzählen

Mit jeder Erzählung öffnest du die unerschöpfliche Schatzkiste der Liebe Gottes. Gib deinen Zuhörerinnen und Zuhörern die Chance und die Freiheit, sich mit den Rollen der Geschichte zu identifizieren. Sie wollen mit ihrer Lieblingsperson mitgehen.

Erzähle so, dass deine Zuhörerinnen und Zuhörer jetzt und hier in die Begegnung mit Jesus und der Liebe Gottes kommen und sie sagen: Ja, so geht es mir auch!

Eine gute Erzählung ist ein Geschenk – für die Zuhörerinnen und Zuhörer und für dich. Also, erzähle deine Geschichte, sie ist lebendiges Zeugnis der Liebe Gottes zu den Menschen.

Ideen zur Gestaltung

Ein GeB(e)et gestalten
Vor Gott in Klage und Lob, Bitte und Dank auszusprechen, was uns auf dem Herzen liegt, dazu müssen wir uns selbst und den Kindern wieder auf den Weg helfen. Es bedarf des Vertrauens in der Gruppe und des Zutrauens, dass wir mit einfachen Worten sagen können, was uns bewegt.
Eine gute Möglichkeit, nach und nach beim Beten mit den Kindern zu eigener Sprache zu finden, ist der folgende Vorschlag einer Gebetsmeditation.

Für Gott ein Gebet pflanzen
Das Wortspiel ergibt sich aus der Äußerung eines Kindes, das die Worte Beet und Gebet spielerisch miteinander verbunden hat, und so zu der Aussage kam: „Ich will für Gott ein Gebet pflanzen."
Bei dieser Meditation entsteht nun tatsächlich vor den Augen der Kinder ein Bild, ein GeB(e)et also, das uns unser Beten vor Augen und Ohren führt. Als Hilfe für den Anfang und als Anregung für eigene Weiterarbeit sind zu den Teilen „Klage" und „Dank" Formulierungen vorgeschlagen.

Zunächst ist die Gestaltung der Atmosphäre wichtig. Kinder und Mitarbeiterinnen und Mitarbeiter sitzen im Kreis um ein großes Tuch, in dessen Mitte eine große Kerze brennt. Das Tuch kann gebatikt sein, es können verschiedenfarbige Tücher zusammengelegt werden.
An den Außenrändern des Tuches stehen vier Körbe bereit. In diesen Körben liegen für alle Kinder Gegenstände, die zeichenhaft die Bedeutung des jeweiligen Gebetsteiles deutlich machen:

raue, kantige Kieselsteine	Zeichen der Klagen, die uns schwer auf dem Herzen liegen
kleine Halbedelsteine oder geschliffene Astscheiben mit schöner Maserung o. Ä.	Zeichen des Lobes und des Staunens im Angesicht der guten Schöpfung Gottes
Strohblumenblüten	Zeichen des Dankes für das Gute, das ich erfahren habe
Teelichte	Zeichen der Bitte für die Menschen, die mir am Herzen liegen

Zu Beginn der Meditation fassen sich alle an der Hand und beginnen mit einer gemeinsamen Gebetseinleitung oder singen einen kleinen Vers, z.B. den Kanon: „Ausgang und Eingang". Dann setzen sie sich rund um das große Tuch.
Die Kinder bekommen nun jeweils die einzelnen Zeichen für die Gebetsteile.

Klage
Zunächst geht der Korb mit den „Klagesteinen" herum.
Alle Kinder nehmen einen Stein und legen ihn nach und nach in die Mitte um die Kerze herum.
Wer möchte, sagt dazu laut seine Klage. Nach jeder Klage oder nach dem Ablegen einiger Steine singt oder spricht die Gruppe gemeinsam „Gott, erhöre unsere Klage" oder einen anderen Kehrvers.

Lob
Als nächstes werden die Zeichen des Lobes verteilt.
Es lohnt sich, bei den Halbedelsteinen oder Astscheiben einen Moment zu verweilen, ihre Schönheit und Einmaligkeit zu bewundern. Wieder wird nach einigen Lobsprüchen beim Ablegen gemeinsam gesprochen: „Gott, wir loben dich, wunderbar sind deine Werke."

Dank
Der dritte Teil beginnt mit der Verteilung der „Dankblüten".
Auch hier werden die Blüten zu den einzelnen stummen oder ausgesprochenen Dankessätzen der Kinder abgelegt. Gemeinsam bekräftigt die Gruppe: „Guter Gott, wir danken dir" (als Kehrvers unten angegeben).

Bitte
Im letzten Teil der Meditation werden die Teelichte verteilt. Die Kinder entzünden sie beim Ablegen an der Kerze in der Mitte des Tuches. Die Bitten der einzelnen Kinder bekräftigen alle mit dem gesungenen oder gesprochenen: „Gott, wir bitten dich, erhöre uns!"

Wenn zu Anfang vorformulierte Gebetsteile gesprochen werden, legen die Kinder ohne Worte die Zeichen auf das Tuch. Das nach und nach entstehende GeB(e)et in der Mitte lädt zum Verweilen und Schauen ein. Gerade wenn die vorformulierten Gebetsteile Verwendung finden, ist nun noch einmal Zeit, eigene Gedanken auszusprechen. Der gemeinsam gesungene Kanon „Ausgang und Eingang" beschließt die Meditation.

Ein wichtiger Hinweis zum Schluss
Je nach Anlass, Ausrichtung der Feier und Alter der Kinder werden einzelne Teile der Meditation ausgewählt. Oder das Bild entsteht nach und nach im Verlauf einer längeren Feier, beginnend mit der Klage oder dem Lob zu Beginn der Feier, die dann durch das Bitten und Danken beim Abschied ergänzt wird.

Klagegebet
Gott, erhöre unser Klagen.
Auf unserer Erde ist vieles in Unordnung geraten.
Viele Kinder werden krank, weil die Luft, die sie atmen, ungesund ist.
Seen, Flüsse und Meere sind vergiftet.
Giftige Gase zerstören die schützende Hülle um die Erde.
Schon werden die Strahlen der Sonne zur Gefahr.
Der Sonne, nach deren Licht und Wärme wir uns sehnen.

Alle: Gott, erhöre unsere Klage und schenk uns neue Hoffnung.

Gott, auf deiner Erde ist Raum für viele Pflanzen und Bäume.
aber die Menschen haben darauf viele Straßen aus Asphalt
und Beton gebaut.
Wo sollen da noch Bäume wachsen?
Wo sollen die Kinder denn noch ungefährdet spielen?

Alle: Gott, erhöre unsere Klage und schenk uns neue Hoffnung.

Gott, unzählige Tiere hast du in die Welt gestellt.
Heute sind viele Arten vom Aussterben bedroht.
Sie finden keinen Platz und keine Nahrung mehr zum Leben.
Die Menschen haben es ihnen genommen.

Alle: Gott, erhöre unsere Klage und schenk uns neue Hoffnung.

Lobgebet: Gott ist uns freundlich zugewandt (nach Psalm 34)
Gott möchte ich loben
an jedem neuen Tag,
mit Herzen, Mund und Händen
will ich ihm danken.

Mit allen, die auf Gott vertrauen
möchte ich Gottes Namen singen,
die ganze Welt
soll unser Lied hören.

Schmecket und sehet,
wie freundlich Gott ist.
Wer auf ihn vertraut,
dem geht es gut!

Wenn wir Gott suchen,
wenn wir zu ihm sprechen,
dann hört er uns
und nimmt uns unsere Angst.

Wenn wir zu Gott sprechen,
dann macht er uns fröhlich,
er macht unser Gesicht hell
und unser Herz leicht.

Schmecket und sehet,
wie freundlich Gott ist.
Wer auf ihn vertraut,
dem geht es gut!

Gottes Augen schauen freundlich auf uns
und seinen Ohren entgeht nicht,
wenn uns Unrecht geschieht.
Er schickt uns seinen Engel zum Schutz.

Und wenn wir traurig sind
und uns ein Leid bedrückt,
dann ist Gott uns nahe
und zeigt uns einen neuen Weg zum Leben.

Schmecket und sehet,
wie freundlich Gott ist.
Wer auf ihn vertraut,
dem geht es gut!

Amen

Dankgebet (nach Motiven aus Psalm 136)
Wunderbar sind wir gemacht, Gott,
alle Menschen, und natürliches jedes einzelne Kind, groß und klein.
Mit unseren Sinnen entdecken wir unsere Welt.
Das geheimnisvolle Glitzern der Sterne zeigt uns,
dass du da bist in der dunklen Nacht.
Wir sehen das leuchtende Orange der aufgehenden Sonne,
dann freuen wir uns auf einen neuen Tag.
Wir riechen den Duft der Blumen und Wiesen,

wir hören das muntere Singen der Vögel
und freuen uns an unserem Leben.
Wir hören das gewaltige Rauschen des Meeres
und spüren deine Größe.

Als Kehrvers wird hier das Lied „Guter Gott, wir danken dir" gesungen.

Hände und Füße hast du uns gegeben,
damit wir aufeinander zugehen und uns gegenseitig helfen können.
In unsere Hände hast du uns deine Gaben gelegt,
dazu die Freude, sie zu gebrauchen.
Unsere Füße tragen uns auf vielen Wegen.
Viele Menschen treffen wir vom Morgen bis zum Abend.
Ob sie mit kleinen oder großen Schritten unterwegs sind,
ob bei der Arbeit, beim Lernen und beim Spiel,
du hast uns füreinander geschaffen.

Kehrvers

Deine Güte hast du uns tief in unser Herz gelegt,
damit wir uns daran freuen und deine Liebe weitergeben
im Lachen und Weinen, im Mitfreuen und Trösten.
Lass uns helfen und teilen
und deine Schöpfung bewahren.
Führe uns Wege des Friedens, die Jesus uns zeigt.

Bittgebet

Guter Gott, wir bitten dich:
Jesus, du bringst der Welt das Licht,
aber wir sehen auch Finsternis und Kälte.
Viele Menschen sind verzweifelt,
viele Menschen leiden Not,
überall drohen Krankheit und Tod.
Wir rufen zu dir:
„Gott, wir bitten dich, erhöre uns!"

Viele Menschen sind blind vor Wut und Neid,
da herrschen dann Krieg und Streit.
Viele Menschen sehen nur sich,
das Leid der anderen kümmert sie nicht.
Wir rufen zu dir:
„Gott, wir bitten dich, erhöre uns!"

Jesus, du bist unser Licht,
lass uns deine Lichtträger sein.
Schenke uns den Mut und die Kraft,
die im Dunklen neues Leben schaffen.
Wir rufen zu dir:
„Gott, wir bitten dich, erhöre uns!"
Amen

Morgenfeier am Anfang der Woche
Lied: Guten Tag, ihr seid willkommen

Gebet
Gott, heute bin ich zu dir gekommen.
Alles, was ich erlebt habe, habe ich mitgebracht.
Es gab traurige Momente, und ich habe mich gefreut.
Das alles kann ich dir erzählen, denn du bist für mich da.
Du bist für uns alle da.
Für die Traurigen und für die Fröhlichen,
für die Starken und für die Schwachen,
wenn wir Angst haben und wenn wir mutig sind.
Für alle Menschen in der Welt bist du da,
ob groß oder klein, du machst keine Unterschiede.
Dein Licht leuchtet bei uns, damit unser Leben hell wird.
Gott, wir danken dir dafür. Amen.

Aktion
Auf ein dunkles Tuch in der Mitte wird eine Kerze gestellt und entzündet. Nach dem Eingangsgebet wählen die Kinder ihre Stimmung aus. Dazu liegen in der Mitte Karten, mit denen sie zeigen, wie es ihnen geht.

Ich bin fröhlich Ich weiß nicht, ist nicht Besonderes Ich bin traurig

Die Kinder werden eingeladen, von ihren Erlebnissen zu erzählen. Eine Regel dabei ist die Freiwilligkeit. Schon mit dem Zeigen der Stimmung ist ja eine Aussage verbunden.

Abschluss/Segen
Die Morgenfeier wird mit einem kleinen Segenslied abgeschlossen: Gott, dein Segen geht mit uns

Vorschlag für den Ablauf eines Gottesdienstes mit Kleinkindern und ihren Eltern

Ankommen und Eröffnen
Begrüßung: Vorstellung des Themas
Lied: Sind zwei, sind drei in meinem Namen eins
Eingangsgebet (mit Kehrvers, den alle mitsprechen können)

Hören und Antworten
Lied: Gib uns Ohren
Entfaltung des Themas durch Erzählung, Anspiel oder Puppenspiel (Zielgruppe sind die Kinder, aber die Erwachsenen profitieren auch davon.
Gemeinsame Aktion mit den Kindern (bei der die Eltern eingeladen sind, ihre Kinder zu unterstützen und zu begleiten)

Feiern
Mit einem Tanz oder einer kleinen gemeinsamen Aktion ist hier noch einmal der Ort, wo alle miteinander in Bewegung kommen, ihre Freude ausdrücken können, dass Gott es gut mit ihnen meint. Das Gedenken an zurückliegende Geburtstage der Kinder, aber auch Elemente der Tauferinnerung haben hier ihren Ort.

Sendung und Segen
Am Ende des Gottesdienstes nimmt ein freies Gebet einen Aspekt des Themas noch einmal auf.
Auch das Vaterunser kann durchaus gesprochen werden, im großen Kreis mit unterstützenden Gebärden, die alle Kinder mitmachen können.
Segenslied (z. B: Gott, dein Segen geht mit uns) und Segenswunsch beenden den Gottesdienst
Viele Gemeinden bieten im Anschluss den Familien an, bei Kaffee, Saft und Gebäck noch zusammen zu bleiben.

Das Vaterunser mit Gebärden gesprochen

Vater unser im Himmel	alle halten die Hände geöffnet vor sich
geheiligt werde dein Name	die Hände gehen langsam nach oben,
dein Reich komme	bezeichnen einen großen Kreis
dein Wille geschehe	und werden nun nach vorn ausgestreckt;
wie im Himmel	die rechte Hand weist nach oben,
so auf Erden	die linke Hand weist nach unten;
unser tägliches Brot gib uns heute	die Hände deuten vor dem Körper eine Schale an;

und vergib uns unsere Schuld	beide Hände werden überkreuzt vor die linke Brust gehalten
wie auch wir vergeben unseren Schuldigern	die rechte Hand wird ausgestreckt und auf die Schulter des Nachbarkindes gelegt
und führe uns nicht in Versuchung	die Arme werden nach vorn in einer abwehrenden Geste ausgestreckt;
sondern erlöse uns von dem Bösen	die Arme werden gekreuzt über den Kopf geführt und mit Schwung gelöst;
denn dein ist das Reich und die Kraft und die Herrlichkeit in Ewigkeit Amen	alle führen die Hände nach oben, legen sie aneinander und bilden so eine Krone und beugen sich vor und nehmen die Hände herunter

Lieder

Guten Tag, ihr seid willkommen

Text und Musik: Bernd Schludt

Sind zwei, sind drei in meinem Namen eins

Text: nach Matthäus 18,20; dt. D. Trautwein; Musik: © Bayiga Bayiga

Guter Gott, wir danken dir

Text und Melodie: U. Walter;
© beim Autor

Tanzbeschreibung „Sind zwei –"
Grundaufstellung: Aufstellung im Kreis.
Jedes dritte Kind tritt zwei Schritte vor zur Mitte und wendet sich dem linken Pärchen auf der Kreislinie zu.
Die Pärchen auf der Kreislinie stellen sich gegenüber auf.

|: Sind zwei, sind drei, in meinem Namen eins	Die Pärchen klatschen im Wechsel (Außenpaar zu zweit – alle drei)
bin immer ich dabei :|	Die Dreiergruppen fassen sich an den Händen und drehen sich in acht Schritten im Kreis.
Wiederholung des ersten Teils	
Ich bin dabei, ich bin dabei.	Das jeweils im Innenkreis stehende dritte Kind wechselt eine Gruppe weiter gegen den Uhrzeigersinn.

Auf diese Weise ergeben sich immer neue Gruppen.

Geschichten

Wo ist Gott zu Hause?

An einem schönen Sommermorgen sitzen einige Kinder in der großen Sandkiste des Kindergartens. Gestern hat es noch geregnet, aber heute ist es schon wieder sehr warm. Der feuchte Sand lädt zum Spielen ein. „Was sollen wir bauen?" „Ich möchte eine große Stadt bauen!" „Ja, mit vielen Häusern!" „Und einer Burg und einer Mauer!" Schnell haben sie sich Förmchen und Eimer und einige Schaufeln geholt. Die Älteren haben schon einmal mit dem Fuß einen Grundriss gezogen, damit kein Kind dem anderen die mühsam gebauten Sandhäuser zerstört. Ein Berg wird aufgeworfen und darauf wird die Burg gebaut. Unterhalb der Burg entstehen Häuser und Gassen. Nach und nach wächst eine kleine Stadt. Die Kinder überlegen sich, wo sie wohnen wollen. „Das ist mein Haus." „Ich möchte lieber am Berg unter der Burg wohnen." „Und hier baue ich ein Krankenhaus." „Ja, und eine Polizei und eine Feuerwehr brauchen wir auch." „Bauen wir auch eine Kirche?" Ein Junge stutzt: „Ist das denn auch ein Haus?" „Aber natürlich", sagt ein anderer, „das ist doch Gottes Haus!" „Meinst du, dass der da wohnt?" „Also ich weiß es auch nicht genau, wir waren letztens in unserer Kirche. Der Pastor hat uns alles gezeigt:

Die Schale, wo ich getauft wurde, das Pult, wo er predigt, den Tisch, auf dem die Bibel liegt und wo die Kerzen brennen beim Gottesdienst. Und dann waren wir sogar auf dem Turm bei der großen Uhr und bei den Glocken." Da wird er von einem Mädchen unterbrochen: „Und, war er da?" „Wer?" „Na, Gott!" „Ne, so direkt nicht, ich habe ihn jedenfalls nicht gesehen." „Aber wir gehen doch manchmal mit dem Kindergarten in die Kirche. Und wenn wir dann singen und beten und Frau Schmitt uns die Geschichte erzählt, dann ist das manchmal so." „Wie, was meinst du denn?" „Ja eben, als wenn Gott da ist!"

Das Mädchen hat nun genug gehört und fängt an, eine schöne Kirche zu bauen. Das ist gar nicht so leicht, ein anderes Kind hilft ihr bei dem Turm.

Die anderen haben weiter überlegt. Als sie die Kirche sehen, sagen sie: „Guckt mal, jetzt hat Gott auch ein Haus in unserer Stadt." „Ob Gott wirklich nur da wohnt, ist der nicht überall?" „Woran man das wohl merkt?" „Ich erklär' mir das so", sagt ein Mädchen, „wenn wir uns zanken und streiten, dann merken wir gar nichts davon, dass Gott da ist. Aber wenn es uns gut geht und wir uns verstehen oder wenn ich mit meinen Eltern kuschele und erzähle, dann ist Gott ganz nah bei uns."

Die anderen schauen auf die schöne Stadt, die sie gebaut haben und auf die Häuser, die sie für sich gebaut haben. Und ein Kind sagt: „Wenn das so ist, dann wohnt Gott jetzt bestimmt auch ein bisschen in unserer Stadt!"

Gut, dass du da bist!

Wir lernen uns kennen und aufeinander achten

Einführung

Segen

Sich kennen lernen, in einer neuen Umgebung Freundinnen und Freunde finden, vielleicht zum ersten Mal lange Zeit ohne Eltern sein, das sind große Herausforderungen für jedes Kind, das neu in die Einrichtung kommt. Und auch vielen Eltern fällt dieser kleine Abschied und das Loslassen schwer. Darum wird diese Phase mit Recht so sorgfältig vorbereitet und begleitet. In diesem Buch wird nun nur auf einige Aspekte eingegangen, die in besonderer Weise allgemeine Fragen des Miteinander-Lebens mit der Zusage Gottes und seines Segens verbinden. Es sind dies die Wertschätzung eines jeden Kindes als unverwechselbares Geschöpf Gottes, die Wertschätzung und Achtsamkeit, mit der Erzieherinnen und Kinder daher miteinander umgehen, und der Aspekt des Segens, der solches Miteinander gelingen lässt.
Einige der Ideen zur Gestaltung helfen spielerisch, achtsam und respektvoll miteinander umzugehen. Und in der Geschichte von der kleinen Raupe werden die individuellen Wünsche der Kinder vom Wachsen und Großwerden aufgenommen. Gerade in der spielerischen Wiederholung der Texte können sie sich in die Erzählung hineinversetzen.

Zu den Themen Achtsamkeit und Wertschätzung, aber auch Streiten und Versöhnen empfehlen sich die folgenden Bilderbücher:
Du hast angefangen! Nein Du!, D. MacKee (Bild und Text),
Die Kinderbrücke, M.Bolliger, S. Zavrel,
Bist du feige, Willi Wiberg?, G. Bergström (Bild und Text),
Der wütende Willi, H.Oram, S. Kitamura,

Segen – Im Gottesdienst und im Kindergarten
Gottes Segen gehört als eine den ganzen Alltag durchdringende Dimension an den Anfang, aber eigentlich begleitet dieses Thema jeden Tag in der Einrichtung. Gottes Segen ist der Ausdruck seiner schützenden Kraft, die uns umgibt. Er hat uns versprochen: Ich werde mit dir sein, und Christus hat es bekräftigt: Ich bin bei euch alle Tage!

Kinder wollen sich das vorstellen, und der sinnlich erfahrbare Zuspruch des Segens hilft ihnen dabei. In unserem Zusammenleben spüren wir vor allem in Situationen von Krankheit, aber auch Situationen der Trennung und des Abschiedes, dass unsere Kraft für die Kinder nicht ausreicht. Wer ist bei ihnen, wenn ich es nicht kann, wer kann helfen?
In solchen Situationen möchten wir uns vergewissern: Wo meine Kraft nicht ausreicht, da hört Gottes Kraft nicht auf. Und diese gute, Leben stärkende und tröstende Kraft sprechen wir uns sinnlich erfahrbar im Segen zu.
In unserer Alltagssprache ist dies in Abschiedsformeln noch erhalten. „Adieu!“ bzw. “Tschüss!“ ist von der Wortbedeutung her ein Segenswunsch: „Geh mit Gott!“, „Gott befohlen!“ Und wir streichen den Kindern über den Kopf in einer zärtlichen Geste. Früher wurde dies mit einem Kreuzzeichen auf die Stirn verbunden. Das deutsche Wort „Segen“ kommt aus dem lat. „signare“, und meint das Bezeichnen mit dem Zeichen des Kreuzes unter der Bedeutung: Jesus, der Sohn Gottes, geht mit dir, komme, was da mag, er ist stärker.
Auch im Kindergarten gibt es viele Momente des gemeinsamen Abschiedes, die als Segen gestaltet werden können. (Jeden Tag, am Wochenschluss, am Ende des Kindergartenjahres ...)
Bevor die Kinder Abschied nehmen, wird ihnen zugesprochen, dass sie unter dem Segen Gottes gehen. An dieser Stelle können Erzieherinnen einen Segen sprechen bzw. mit den Kindern eine Segenshandlung gestalten. Der Segen ist Zuspruch Gottes, er steht für seine Kraft und heilsame Wirkung. Und der Segen will gesagt sein, jede und jeder ist befugt, den Segen zuzusprechen. Es ist ein Weitergeben dessen, was von Gott empfangen wird. Ein Mensch kann zum Segen werden! „Geh unter dem Geleit Gottes!“, so können Erzieherinnen und Eltern mit Gelassenheit Abschied nehmen von den Kindern.

Für die Kinder, aber auch für die Erwachsenen ist es nicht damit getan, von einem grundsätzlichen Gehalten-Sein von Gott nur mit dem Verstand zu wissen. Der Segen will sichtbar, hörbar, ja spürbar zugesagt werden. Das hat Bedeutung für die Gestaltung der Segenshandlung.
Im Kreis oder auch nebeneinander in der Reihe stehend erwarten die Kinder eine Segensformel, bei der sie nicht nachdenken müssen, wo sie nichts erklärt bekommen oder lernen müssen, sondern einfach da sind, mit ganzer Seele dabei und nur empfangen.
Hier wird jede/r seine eigene Form finden.
Mit Worten und Gesten kann dabei ausgedrückt werden, was den Mitarbeiterinnen und Mitarbeitern in diesem Moment durch den Kopf geht: Auch wenn wir uns jetzt trennen, wir bleiben miteinander verbunden, bis wir uns wiedersehen.

Gott segne euch
und beschütze euch.
Er blicke euch freundlich an
und wende euch seine Liebe zu.
Gott sei euch ganz nahe
und schenke euch Frieden.
Amen.

Ideen zur Gestaltung

Farbkastenspiel und Gruppenrad

Die Erzieherin (E) legt zehn verschiedenfarbige Tücher oder Farbblätter DIN A5 in zwei Reihen in die Mitte und fragt nach Assoziationen. Sie schlägt vor, dieses Bild als Farbkasten zu deuten.
Nach einem Zimbelton schließen alle die Augen, E tauscht zwei Felder aus. Nach dem nächsten Zimbelton werden die Augen geöffnet und wer zuerst die Veränderung benennt, darf den nächsten Tausch machen –
Die „Farbfelder“ werden aufgestockt durch mehrere Tücher/Blätter pro Farbe. Mit dem Impuls „Welche Farbe darf ich dir schenken?“, wendet sich E an ein Kind. Dieses wählt eine Farbe aus. E nimmt diese Farbe aus der Mitte und bringt sie dem Kind und malt dazu ein kleines Bild in die Hand, das sie erraten lässt. In der Fortsetzung übernimmt das Kind diese Rolle, sucht sich ein nächstes Kind, bittet um einen Farbwunsch usw. Durch eine zweite Auswahl können jeweils zwei Kinder die Aktion gleichzeitig durchführen.

Wenn alle Kinder ein Tuch/Blatt bekommen haben, legen es alle vor sich auf den Boden.
Jede/r hat sein Tuch/Blatt vor sich liegen. Mit dem Impuls „Alle sollen anfassen“ gibt E ein Seil an ihr Nachbarkind weiter. Nach und nach geht das Seil im Kreis herum. Dabei wird darauf geachtet, dass das Seil einmal herumreicht und durch alle Hände geht (Seillänge etwa 0,5 m x Kinder-Zahl). Dafür stehen alle auf, um den Kreis zu schließen. Das Seil wird gespannt, E knotet es zusammen.
Hier wird der Kreis als Symbol für die Gemeinschaft in der Gruppe geschlossen. E regt einige Möglichkeiten zur Arbeit mit dem Seil an: am Seil anfassen, es spannen und merken, wie die Gruppe mich hält, indem alle in Spannung kommen; oder das Seil langsam auf und ab bewegen wie eine imaginäre Glasplatte, die vorsichtig zu bewegen ist; oder das Seil herumgeben, sodass es sich in den Händen dreht.
Danach bittet E, das Seil in der Mitte abzulegen und im Kreis auszurichten.

Die Kinder werden gebeten, nacheinander ihr Tuch/Blatt an das Seil zu legen, sodass am Ende alle Tücher in gleichem Abstand am Seil liegen.
E fragt nach Assoziationen und benennt das in der Mitte entstandene Bild als „unser Gruppen-Rad“.
“Jedes Rad braucht eine Mitte.” E rollt eine Kugel in die Mitte und bittet ein Kind, die Kugel genau in die Mitte zu legen, andere Kinder können korrigieren, bis alle einverstanden sind.
Alle Kinder werden gebeten aufzustehen, das Bild anzuschauen und durch eine symbolische Bewegung der ausgestreckten Hände zum Herzen das Bild als ein inneres Bild von der Gruppe aufzunehmen, bevor die Mitte abgeräumt wird.

Verabschiedungsritual
Alle sprechen und machen folgende Bewegungen dazu:

”Gut dass ICH da bin,	Alle Kinder stehen mit genügend Platz, so dass sie sich mit angewinkelten Armen frei drehen können.
mit DIR bin ich stark.	Die Kinder strecken die Arme aus und finden die Hände eines anderen Kindes.
Darum achten WIR aufeinander und auf unsere Grenzen,	Die Hände werden im Kreis behutsam aneinander gedrückt.
MITEINANDER bitten wir um Gottes Segen für uns.”	Alle fassen sich im Kreis an den Händen für das Segensgebet.

Segensstationen
Nach ersten Erfahrungen mit einem Segensritual werden die Kinder nach dem Segen fragen. Sie fragen nach den Gesten, die ausgeführt werden, manche ahmen auch die Segensgeste der Pfarrerin oder des Pfarrers im Gottesdienst nach.
So bietet sich eine Gelegenheit, über die Begegnung mit dem Segen auf dem Lebensweg zu sprechen.
Hierzu werden Motive aus Bilderbüchern oder Fotos ausgesucht, auf denen der abstrakte Begriff „Segen“ für die Kinder mit nachvollziehbaren Situationen in ihrem Leben illustriert wird.

Mögliche Bildszenen
Bei der *ersten Szene* geht es um die Erinnerung an die Geburt. Vielleicht sind die wichtigsten Insignien einer Geburtstagsfeier zu sehen: eine Torte mit Ker-

zen, dazu ein Geschenk. Die Mutter lässt das Geburtstagskind im wörtlichen Sinne hochleben, so wie die Hebamme vielleicht auch bei der Geburt das Kind hochgenommen und als neues Erdenkind begrüßt hat, bevor sie den Säugling der Mutter in die Arme gelegt hat.

Die *zweite Szene* könnte eine Familie bei der Taufe darstellen. Durch ein angedeutetes Kirchenfenster fällt Licht herein. Die Pastorin tauft das Kind mit Wasser, aufmerksam beobachtet von einem Geschwisterkind, das eine Bibel in der Hand hält. Auf der rechten Seite ein Pate, der eine brennende Taufkerze in der Hand hält.

Die *dritte Szene* könnte eine Situation am Krankenbett eines Kindes zeigen. Vor dem Bett stehen Vater und Mutter, ihre Blicke sind besorgt. Im Bett liegt das kranke Kind, seine Augen sind auf die Eltern gerichtet. Verbunden sind beide durch die Hand der Mutter, die eine Hand des Kindes hält. Um das Bett herum stehen die Spielzeuge, die im Moment nicht gebraucht werden und doch die Sehnsucht des Kindes zeigen, bald wieder gesund zu werden, um sie in Gebrauch zu nehmen.

Eine *vierte Szene* auf dem Lebensweg wird den Kindern ebenfalls nicht fremd sein. Ein Mädchen wird von seinen Eltern am ersten Schultag zur Schule begleitet. Es trägt eine Schultüte, mit der den Kindern der erste Weg zur Schule und damit in einen neuen Lebensabschnitt versüßt werden soll. Die Eltern begleiten es.

Alle vier Situationen handeln von Übergängen und Krisen. Segen wird begreifbar in diesen geschilderten Lebenssituationen. Die Kinder werden eingeladen, ihre eigenen Bilder zu diesen Stationen zu malen. Im Anschluss daran, vielleicht am nächsten Tag, erzählen sich die Kinder von ihren Bildern.

Die anderen Kinder werden eingeladen, die dargestellten Szenen zu spielen. Sie werden darauf aufmerksam gemacht, was die Hände in diesen Szenen tun. Sie halten, tragen, stärken, schützen und begleiten. Ebenso möchte Gottes Segen verstanden werden. Noch einmal spielen die Kinder einzelne Szenen und beschreiben, was die Hände in den einzelnen Stationen tun. Sie tragen, stützen, zeigen durch eine Geste der Geborgenheit „Du bist gut aufgehoben.“, sie trösten.

Verschiedene Bedeutungshintergründe dessen, was Segen ist, lassen sich auf diese Weise anschaulich darstellen. Anschaulich wird dies in der Geschichte der Segnung der Kinder durch Jesus, die später noch einmal im Rahmen der Tauferinnerung wiederkehrt.

Segensritual mit den Namen der Kinder

Zur Melodie des Spirituals: „Kumbaya my Lord, kumbaya“ lässt sich ein kleiner Text singen, mit dem die Kinder sich einen Segenswunsch zusingen.

Und Gott segnet dich, Jennifer,
und Gott segnet dich, Ma-ax,
und Gott segnet dich, Li-sa,
Gottes Segen geht mit euch!

Das Lied wird angestimmt und jeweils die Namen der drei auf einander folgenden Kinder im Kreis werden gesungen. Bei ein- und zweisilbigen Namen wird die Melodie entsprechend gedehnt.

Lieder

Gott, dein Segen geht mit uns

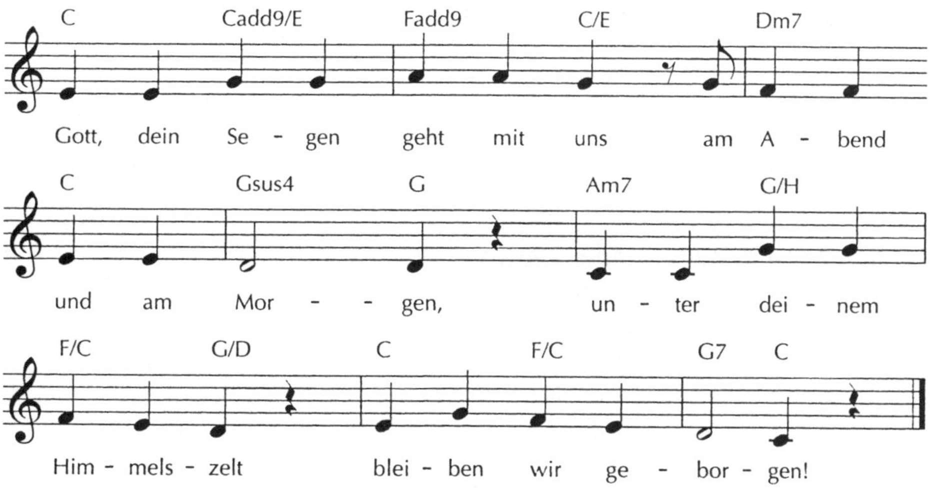

Text: U. Walter; Musik: R. Horn
aus Buch/CD „Mit dem Friedenskreuz durch das Kirchenjahr“;

So groß wie ein Baum

(weitere Vorschläge für Lieder: Das wünsch ich sehr, dass immer einer bei mir wär; Kindermutmachlied; Gott, dein guter Segen ist wie ein großes Zelt)

Geschichten

(Zu diesem Kapitel passt besonders auch der Erzählvorschlag zur Kindersegnung, siehe S. 183)

Geschichte von der Raupe

Es war einmal eine wunderschöne Raupe, die kroch in dem Garten bald hierhin, bald dahin, bald hierhin, bald dahin, und sagte: „Was aus mir noch einmal werden wird."
Und dann kroch sie weiter in das andere Ende des Gartens, kroch hierhin, kroch dahin, kroch hierhin, kroch dahin, und sagte: „Was aus mir noch einmal werden wird."
Und da kam sie in die Nähe vom großen, runden dicken Kohlkopf, und der hörte wie sie gerade wieder sagte: „Was aus mir noch einmal werden wird."
Und da sagte er sehr von oben herab – wie es die Art vom Kohlkopf ist: „Na, was denn!"
Aber die kleine Raupe kroch weiter, kroch hierhin, kroch dahin, und sagte, dass es alle hören konnten: „Was aus mir noch einmal werden wird."
Da kam sie in die Nähe vom Stachelbeerstrauch. Dieser Stachelbeerstrauch, der hatte das auch gehört und der sagte – genauso wie der Kohlkopf – den Satz, aber er sagte ihn spitz, wie es die Art vom Stachelbeerstrauch ist: „Na, was denn!"
Aber die Raupe war schon weiter gekrochen, kroch hierhin, kroch dahin und sagte, dass es alle hören konnten: „Was aus mir noch einmal werden wird."
Da kam sie in die Nähe vom Radieschen. Und das Radieschen sagte denselben Satz wie der Kohlkopf und der Stachelbeerstrauch auch, aber es sagte den Satz lieb und sanft, wie es die Art vom Radieschen ist: „Na, was denn!"
Da kroch die kleine Raupe weiter und sagte zum letzten Mal ganz leise: „Was aus mir noch einmal werden wird."
Ein paar Tage später kroch sie in die Nähe vom Gartenzaun und legte sich ganz still in die Sonne. Nach einer Weile fing die Raupe an, sich ein Bettchen zu machen und in das Bettchen einzuwickeln, einzuspinnen, einzuwickeln, einzuspinnen, einzuwickeln, einzuspinnen, bis sie nicht mehr zu sehen war.
Als das der große, runde, dicke Kohlkopf sah, sagte er, sehr von oben herab, wie es seine Art ist: „Nun ist es aus mit ihr!"
Und der Stachelbeerstrauch sah auch, wie sie da lag, stocksteif, still und unbeweglich, wie tot. Und da sagte auch der Stachelbeerstrauch denselben Satz wie der Kohlkopf, aber er sagte ihn spitz, wie es die Art vom Stachelbeerstrauch war: „Nun ist es aus mit ihr!"
Und das Radieschen sah auch die Raupe dort liegen. eingewickelt, still und unbeweglich, wie tot. Da sagte auch das Radieschen denselben Satz, wie die

beiden anderen, aber es sagte ihn mild und sanft, wie es die Art vom Radieschen war: „Nun ist es aus mit ihr!“
Aber, es war gar nicht aus mit der Raupe. Nach ein paar Tagen, da ruckte es und zuckte es, da ruckte es und zuckte es, und heraus kam ein wunderschöner Schmetterling. Und er flog hin und her, hin und her und sagte: „Kennt ihr mich nicht mehr?“
Da musste der große, runde, Kohlkopf nach oben schauen, und er fragte sehr erstaunt: „Wer bist denn du?“
Und der wunderschöne Schmetterling flog hin und her, hin und her und sagte: „Kennt ihr mich nicht mehr?“
Da musste auch der Stachelbeerstrauch nach oben schauen, und er sagte denselben Satz, wie der Kohlkopf, aber er sagte ihn spitz, wie es die Art vom Stachelbeerstrauch war: „Wer bist denn du?“
Und der wunderschöne Schmetterling flog hin und her, hin und her und sagte: „Kennt ihr mich nicht mehr?“
Und das Radieschen sagte denselben Satz wie Kohlkopf und Stachelbeerstrauch, aber lieb und sanft und mild, wie es die Art vom Radieschen ist: „Wer bist denn du?“
Da kam der Schmetterling und setzte sich auf das Radieschen und machte die Flügel auf und zu, auf und zu und sagte ganz leise: „Ich war doch die kleine Raupe, und jetzt bin ich verwandelt und ein schöner Schmetterling!“
Aber er hat es nicht leise genug gesagt, denn der große, runde, dicke Kohlkopf sagte sehr von oben herab: „Warum hast du das denn nicht vorher gesagt!“
Und der Stachelbeerstrauch sagte denselben Satz wie der Kohlkopf, aber er sagte ihn spitz, wie es die Art vom Stachelbeerstrauch ist: „Warum hast du das denn nicht vorher gesagt!“
Nur das Radieschen, das Radieschen sagte nichts, weil es ja schon alles wusste.
Aber der wunderschöne Schmetterling flog hin und her, hin und her und auf die dummen Fragen sagte er: „Pffft!“
Und im Wegfliegen sagte er: „Pffft, dann hätte ich ja gar kein Geheimnis gehabt!“

Diese Geschichte lässt sich als Erzählung mit Chor gestalten. Alle Kinder wiederholen jeweils die Aussagen der Raupe, des Kohlkopfes usw. Z. B.:
Es war einmal eine wunderschöne Raupe, die kroch in dem Garten bald hierhin, bald dahin, bald hierhin, bald dahin, und sagte: „Was aus mir noch einmal werden wird.“
Alle antworten: „Was aus mir noch einmal werden wird.“

Gott hat uns seine Welt geschenkt

Für die guten Gaben danken

Einführung

Erntedank

Erntedank mit den Kindern feiern, das bedeutet heute innehalten, schauen und mit den Kinder Gottes Spuren in seiner Schöpfung entdecken. Über das Staunen und Begreifen kommt es zu einer Haltung der Dankbarkeit für das Geschenk der Schöpfung. Und über die Wertschätzung des Geschenkes kommt es zum verantwortlichen Umgang mit diesem Geschenk.
Und über die Wertschätzung des Geschenkes kommt es zum verantwortlichen Umgang mit diesem Geschenk. Je älter die Kinder werden, umso mehr entdecken sie, dass der Dank für die Gaben der Schöpfung die Verantwortung für dieses Geschenk einschließt.
Der erste Schöpfungsbericht der Bibel beschreibt die Schönheit der Schöpfung und ihre gute Ordnung, die Gott ihr gegeben hat. Er hat sie aus dem Chaos, dem Tohuwabohu, geschaffen. Sie ist eine Lob- und Dankgeschichte, in der es darum geht, was und wer die Welt zusammenhält. Und sie beschreibt die Würde des Menschen in seiner Beziehung zu Gott. Er ist zum Bilde Gottes erschaffen, als Mann und Frau. Und dieser Gott gibt sich im Werk seiner Schöpfung zu erkennen. Alles ist Gottes Wirken zu verdanken, selbst Sonne, Mond und Sterne sind seine Geschöpfe.
Auch im weiteren Verlauf der Urgeschichte zeigt sich, dass seine Liebe zu den von ihm geschaffenen Menschen größer ist als sein Zorn über das Chaos, das die Menschen anrichten. Mit Noah und seiner Familie schließt er unter dem Zeichen des Regenbogens einen neuen Bund, der unabänderlich Gottes gutes Wirken in der Schöpfung bestätigt.
Vom Staunen über die sinnliche Erfahrung zum Begreifen führt dann der Weg für die Kinder. Sie gewinnen einen elementaren Zugang zum Erntedankfest über das Symbol „Brot". Auf der Sachebene ist es ein alltägliches wertvolles Lebensmittel, mit dem viele gute Erfahrungen angeleitet werden. Und darunter erscheint der ganze Reichtum, den das Brot ausmacht. Jesus hat es zum Bild für sich gemacht: Ich bin das Brot des Lebens.
Zum Erntedank gehört auch das Teilen aus der Erfahrung der Fülle. In einer gemeinsam gestalteten Feier teilen die Kinder mit den Erwachsenen: ihre Er-

fahrungen mit dem Brot und das Brot, das sie mitgebracht haben. Sie sollen darum auch dabei sein, wenn die Gemeinde im Gottesdienst Gast am Tisch Jesu Christi ist, den sie nun durch das Jahr begleitet haben. Das wird in verschiedenen Gemeinden nach Tradition unterschiedlich sein.

Ideen zu Gestaltung

Gottes gute Schöpfung

Nach und nach entsteht ein großes Gemeinschaftsbild von Gottes Schöpfung. Wenn möglich, bleibt dieses Bild über den gesamten Zeitraum bestehen, so dass die Kinder immer wieder daran anknüpfen können.
Es werden nun einige Stationen beschrieben, die zeitlich aufeinander folgen, aber auch über die ganze Woche verteilt sein können. Es entsteht Ring um Ring um eine Mitte herum. Am Ende kann dann Zeit sein, in aller Ruhe das gemeinsame Werk zu betrachten (in der Ruhe des siebten Tages der Schöpfung) und mit einer kleinen Feier abzuschließen.

Einleitend

Zu Beginn liegt in der Mitte ein großes braunes Tuch – die Kinder vermuten, was es alles sein könnte – es könnte auch „Erde" sein.
Aus einer Kinderbibel wird einmal die ganze erste Schöpfungsgeschichte gelesen.
Nun widmen sich die Kinder den einzelnen Tagen der Schöpfung.

1. Tag

Am Anfang von allem schuf Gott Himmel und Erde. Wüst und leer war es auf der Erde, Tohuwabohu. Finsternis lag über allem, aber Gottes Lebensatem schwebte über dem Wasser. Da sprach Gott: Es soll Licht werden auf Erden! Und es war Licht.
Eine große Kerze wird angezündet und in die Mitte gestellt.
Und Gott trennte das Licht von der Finsternis. Das Licht nannte er Tag und die Dunkelheit nannte er Nacht. Es wurde Abend und es wurde Morgen; ein erster Tag.

Aus einem großen Kreis aus schwarzem Tonkarton werden für jedes Kind Segmente ausgeschnitten. Mit heller Zuckerkreide malen die Kinder ihre Eindrücke von der Erde, wie sie wüst und leer war, und wie das das Licht dazu kam und Tag und Nacht wurden.
Die Segmente des Kreises werden wieder zusammengesetzt und um die Kerze herum gelegt.

Malen mit „Zuckerkreide"
Farbige Tafelkreide wird hierzu einige Zeit in eine gut gesättigte Zuckerlösung eingelegt. Die Kreide wird dann aus der Lösung genommen und direkt nach dem Abtropfen auf einem Küchenpapier bereitgelegt. Die Kinder malen mit diesen Kreiden auf schwarzen oder dunkelgrauen Tonkarton. Die Kreiden wirken zunächst blass, entwickeln aber nach dem Trocknen eine starke Leuchtkraft.

2. Tag
Gott sammelte das Wasser an einer Stelle und trennte es vom Festen. Das Feste nannte er Land und das Wasser nannte er Meer. Es wurde Abend und es wurde Morgen; ein zweiter Tag.
Ein weiterer Kreis wird aus Aquarellpapier um den Innenkreis gelegt. Auch hier bekommt jedes Kind ein Stück. In der Nass-in-Nass-Technik malen die Kinder zur Hälfte in Blautönen, zur Hälfte in Brauntönen. Nach dem Trocknen werden die beiden Halbkreise wieder um die Mitte gelegt.

3. Tag
Gott lässt die Erde grünen. Er schafft Bäume und Blumen nach seiner Art. Es wurde Abend und es wurde Morgen; ein dritter Tag.
Auf einem weiteren Kreis aus grünen Tüchern gestalten die Kinder ihre Vorstellung von diesem Schöpfungstag. Sie sammeln Naturmaterialien (Baumscheiben, Baumfrüchte, Saaten, kleine Zweige ...) und gestalten den dritten Kreis.

4. Tag
Gott lässt den Tag von der Sonne regieren und die Nacht vom Mond und den Sternen. Es wurde Abend und es wurde Morgen; ein vierter Tag.
Noch einmal bekommen die Kinder schwarzes Tonpapier, das nach dem Malen mit Zuckerkreide zum Thema Sonne, Mond und Sterne als weiterer Kreis um die Mitte gelegt wird.

5. Tag
Gott schuf die Vögel am Himmel und die Fische in den Meeren. Es wurde Abend und es wurde Morgen; ein fünfter Tag.
Auf hellen Tonpapieren malen die Kinder Vögel und Fische mit Wachsmalstiften und schneiden diese aus. Die Vögel und Fische werden auf einem weiteren Kreis aus hellblauen (Himmel) und dunkelblauen (Wasser) Tüchern abgelegt.

6. Tag
Am sechsten Tag sprach Gott: Es sollen die vielen Tiere des Landes entstehen. Und er schuf die kleinen und großen Tiere, die auf dem Land leben, von der

kleinen Ameise bis zum großen Elefant. Und er schuf den Menschen, er schuf ihn zu seinem Bilde, als Mann und als Frau. Es wurde Abend und es wurde Morgen; der sechste Tag.
Aus Erdfarben von grün bis dunkelbraun wird ein weiterer Kreis gelegt. Die Kinder formen aus Ton Tiere und Menschen und stellen sie in den Kreis.

7. Tag
Am siebten Tag schaute sich Gott alles an. Und er freute sich an dem, was er geschaffen hatte, denn es war sehr gut! Und Gott ruhte aus an diesem Tag
Die Kinder nehmen sich Zeit und gehen langsam um das große Schöpfungsbild herum. Sie erzählen sich dabei, was sie entdecken.
Dann setzen sich alle für einen Moment der Stille in den Kreis. Der Text für den siebten Tag wird gelesen.
Zum Abschluss kann die folgende Meditation gelesen werden.

Meditation – Gott hat die ganze Welt gemacht
Zu der folgenden Meditation wird eine runde Mitte mit einem dunklen Tuch (blau oder braun) und einer Kerze in der Mitte gestaltet. Zu den einzelnen Farben werden jeweils passende Chiffontücher in mehreren Kreisen um die Kerze in der Mitte gelegt.

Gott hat den Menschen seinen Namen gesagt: Ich bin der ICH BIN DA!
Mitten unter uns will Gott wohnen.
Wie können wir uns das vorstellen? Wir können ihn doch gar nicht sehen!
Aber stellen wir es uns doch einmal vor: Gott ist in unserer Mitte.
Alle unsere Gedanken und Wünsche führen zu ihm,
von Gott kommt alles Leben her.
Auch wenn wir Gott nicht sehen können,
wir sehen, was er geschaffen hat, und wir staunen:
Sein Licht macht die Finsternis hell
und sein Licht lässt unsere Welt in vielen Farben leuchten.

BLAU
Da ist das Blau,
dunkel und tief wie das Wasser,
es schenkt uns Leben und erfrischt,
und manchmal ist das Blau hell und leuchtend wie der Himmel,
der sich wie ein schützendes Zelt über uns ausstreckt.
Gott schützt unser Leben.

ROT
Da ist das Rot,
strahlend wie Rosenblüten,
dunkel wie das Blut.
Rot, die Farbe der Liebe,
Gott hat uns lieb.

GRÜN
Da ist das Grün,
leuchtend wie die Wiesen im Frühling,
dunkel wie das Laub der Bäume,
die uns im Sommer Schatten spenden.
Gott schenkt uns das Leben.

GELB
Da ist das Gelb,
Licht der Sonne, die uns wärmt,
Sonnenblumen, die und erfreuen,
Licht, das die Dunkelheit vertreibt,
Licht der Sonne, die uns das Leben leicht erscheinen lässt.
Gottes Licht leuchtet für uns.

Wir staunen, wie Gott seine Schöpfung in allen Farben leuchten lässt.
Gott ist mitten unter uns, für alle, groß und klein;
für dich und für mich, so, wie wir ihn gerade brauchen.
Er zeigt uns: ICH BIN DA.
Wir können ihn nicht sehen, aber geheimnisvoll ist er doch da. Amen

Tanz

Lasst uns Gott unsere Freude mit einem Lied und einem Tanz zeigen:
(Das Lied: „Lasst uns miteinander" findet sich u.a. im EG, Ausgabe RWL 645)

1. Teil:

Lasst uns miteinander,	Wir schauen uns an,
lasst uns miteinander,	begrüßen uns und
singen,	heben die Hände,
loben,	klatschen zweimal
danken dem Herrn	und drehen uns einmal auf der Stelle.
Lasst uns das gemeinsam tun,	
singen, loben, danken dem Herrn.	Wiederholung

2. Teil:

	Nun fassen wir uns an den Händen
	und gehen mit rechts beginnend
Singen, loben, danken dem Herrn,	acht Schritte nach rechts,
singen, loben, danken dem Herrn,	acht Schritte zur Mitte,
singen, loben, danken dem Herrn,	acht Schritte nach außen,
singen, loben, danken dem Herrn,	acht Schritte nach links.

Vom Korn zum Brot – Impulse für die Weiterarbeit

In der Mitmachgeschichte vom Traum des Weizenkorns werden die Elemente benannt, die zu einem Brot gehören. Sie werden nun mit verschiedenen Tüchern, die zu fünf Strahlen eines Sternes zusammengelegt werden, den Kindern gezeigt.

Auf grünem Tuch: Getreide, auf gelbem Tuch : Salz , auf blauem Tuch: Wasser, auf violettem Tuch: Hefe oder Sauerteig, auf rotem Tuch: Wärme/Feuer in Form einer brennenden Kerze.

Dazu wird am Schluss auf ein weißes Tuch in der Mitte ein Brot gelegt.

Auf der Sachebene werden diese Elmente immer wieder im Alltag der Einrichtung vorkommen. Und so können nach und nach Erfahrungen mit diesen Elementen gemacht werden oder es kann daran erinnert werden.

Die Tiefendimension der Symbole erschließt sich in der Verbindung mit verschiedenen Geschichten aus dem Jahreskreis (z. B. in der Verbindung des Symbol Wassers mit der Taufe) oder der Verbindung von handlungsorientierten Aktionen (Weizen mit einer eigenen Mühle mahlen, den Teig beim Aufgehen der Hefe beobachten, Stockbrot auf dem offenen Feuer backen) mit den im Folgenden aufgeführten Geschichten und Jesusworten. Sie öffnen die Kinder für die Erkenntnis: Welch ein Reichtum ist doch in jedem Brot!

Getreide

Wenn das Weizenkorn nicht in die Erde fällt und stirbt, so bleibt es allein. Doch wenn es stirbt, bringt es viel Frucht (Joh 12,24).

Und etliches fiel auf gutes Land; und es ging auf und trug hundertfache Frucht (Lk 8,8).

Salz

Ihr seid das Salz der Erde. Wenn nun das Salz kraftlos wird, womit soll man salzen? (Mt 5,13a).

Habt Salz bei euch und habt Frieden untereinander! (Markus 9,50)

Wasser

Siehe, da ist Wasser, was hindert's, dass ich mich taufen lasse? (Apg 8,36b).

Jesus sagt: „Das Wasser, das ich den Menschen gebe, wird in ihnen zur Quelle, die nicht aufhört zu fließen“ (nach Joh 4,14).
Hefe oder Sauerteig
Das Himmelreich ist gleich einem Sauerteig, den eine Frau nahm und vermengte ihn unter drei Scheffel Mehl, bis dass es ganz durchsäuert war (Mt 13,33).
Wärme/Feuer in Form einer brennenden Kerze
Und den Jüngern erschienen Zungen, zerteilt, wie von Feuer (Apg 2,3).
Und der Engel Gottes erschien Mose in einer feurigen Flamme aus dem Dornbusch. Und er sah, dass der Busch im Feuer brannte und doch nicht verzehrt wurde (2. Mo 2,3).
Christus spricht: Ich bin das Licht der Welt (Joh 8,12).
Ihr seid das Licht der Welt (Mt 5,14a).

Danke für das Brot: Miteinander Erntedank feiern
(Anregungen für eine Feier in der Einrichtung oder in einem Familiengottesdienst)

Begrüßung
Eingangswort
Lied: Wir Pflügen und wir streuen
(Verse in Auswahl)

Psalm zum Eingang
Liedvers: Guter Gott, wir danken dir ...
Guter Gott, wie bist du so groß!
Die ganze Welt hast du geschaffen.
Wie ein Zeltdach hast du den Himmel ausgespannt,
darunter die Erde, fest gegründet im Wasser der Meere.
Liedvers: Guter Gott, wir danken dir ...
Du lässt das Gras wachsen für die Tiere.
Pflanzen, die der Mensch anbaut, lässt du gedeihen,
damit die Erde ihm Nahrung gibt.
So bringst du das Brot aus der Erde hervor,
dass es des Menschen Herz stärke;
und den Wein, dass er sein Herz erfreue.
Liedvers: Guter Gott, wir danken dir ...
Gott, wie sind deine Werke so groß und so viel!
Du hast sie alle weise geordnet.
Deine Welt ist voller Wunder.
Gott, dich wollen wir loben.

Alles, was du geschaffen hast,
soll dir Freude machen. Amen. (nach Ps 104)

Geschichte
(„Ein kleines Weizenkorn träumt – eine Geschichte zum Mitmachen“ oder „Brot des Lebens für die Welt“)

Lied: Gott schenkt uns das Brot (Lied zur Agape)

Gabenbereitung der Kinder
Jeweils zwei Kinder bringen die Elemente des Brotes und stellen sie in einer vorher erprobten Anordnung auf den Altar oder einen Tisch in der Mitte.
Dazu werden jeweils die folgenden Texte gesprochen.
Das Korn
Wir bringen das Getreide.
Viele einzelne Körner werden vom Bauern in die Erde gesät;
unter Sonne und Regen ist es gewachsen,
vom Bauern geschnitten und gedroschen.
Das Wasser
Wir bringen das Wasser für das Brot.
Ohne Wasser gibt es kein Leben.
Wasser reinigt. Alles, was stört, wird ausgewaschen.
Wasser verbindet die gemahlenen Körner zu einem Teig.
Das Salz
Wir bringen das Salz für das Brot.
Nur ein wenig wird gebraucht,
aber doch ist es ohne Salz fade.
Ich bringe dem Brot die Würze.
Der Sauerteig
Wir bringen den Sauerteig.
Darin steckt die Kraft der Verwandlung,
die von außen dazukommt.
In der Stille entfaltet sich die Stärke des Getreides
Das Feuer
Wir bringen das Feuer.
Ohne das Feuer im Licht der Sonne und in der Glut des Ofens gibt es kein Brot.
Das Feuer des Ofens brennt, aber es verbrennt nicht.
Der Teig erfährt eine letzte Verwandlung.
Vom Korn zum Brot. Das ist ein langer Weg.

Das Brot
Wir bringen das Brot.
Welch ein Reichtum und welch eine Hoffnung.
Brot können wir teilen, dann kann es seine Kraft entfalten.
Das Brot ist Zeichen für Jesus Christus.

Je nach Tradition kommt hier noch der Kelch für das Abendmahl oder eine Schale mit Weintrauben dazu.

Gebet
Heute kommen wir zu dir, Jesus Christus, Brot des Lebens,
wir sind Gäste an deinem Tisch.
Du bist da, wenn wir das Brot essen,
du bist da, wenn wir aus dem Kelch trinken.
Stille unseren Hunger nach Leben.

In deiner Gegenwart feiern wir das Leben:
Hoffnungsbrot für unsere Angst.
Friedensbrot für unseren Streit.
Vertrauensbrot für unsere Zweifel.
Stärkungsbrot für unsere Mutlosigkeit.

Versöhnungsbrot für unsere Gemeinschaft.
Das alles schenkst du uns,
das feiern wir mit dir.

Lied: Gott schenkt uns das Brot (Lied zur Agape)

Wenn das Abendmahl gefeiert wird, folgen jetzt die
Einsetzungsworte
Vaterunser
Austeilung

Fürbittengebet

Segen
Jesus hat den Menschen gegeben,
was sie zum Leben brauchen.
Darum kamen sie zu ihm.
Er teilte fünf Brote und zwei Fische,
und alle wurden satt an Leib und Seele.

Und so bitten wir ihn:
Jesus Christus,
gib uns Mut, das Brot zu teilen.
Gib uns Kraft, einander zu helfen.
Gib uns Vertrauen, einander zu verzeihen.
Jesus Christus, Brot des Lebens,
deine Jüngerinnen und Jünger wollen wir sein,
damit wir zum Brot werden, das anderen zum Leben hilft.

Lied: Gott, dein Segen geht mit uns (s. S. 55)

Lieder

Gott hat die ganze Welt gemacht

Text: R. Krenzer; Musik: R. Horn
aus: Buch/Paket „Bibel-Hits“

Spielidee

Für den folgenden Ablauf werden zwölf Kleingruppen gebraucht: Alle Kinder lernen den Liedtext Zeile für Zeile kennen. Die erste Gruppe überlegt zum Text eine Bewegung und macht sie vor. Nun wiederholt die zweite Gruppe die erste Zeile mit der Bewegung, dann sprechen alle die zweite Zeile und die zweite Gruppe schlägt eine Bewegung dazu vor, dann die dritte Gruppe usw. So wird das Lied von Zeile zu Zeile wiederholt und es kommen Bewegungen dazu. Wenn alle Zeilen mit Bewegungen versehen sind, singen alle das Lied und alle machen die Bewegungen dazu mit.

Gott schenkt uns das Brot (Kleines Lied zur Agape)

Text: U. Walter; Musik: R. Horn
aus: Buch/CD „Mit dem Friedenkreuz durch das Jahr“

Geschichten

Lisa und ihr Freudengebets-Beet

Die kleine Lisa ist im Urlaub am Meer. Und dort freut sie sich immer schon auf den Spaziergang mit den Eltern am Abend. Dann ist klare Sicht weit hinaus auf das Meer. Die Luft ist ganz voll von dem Auf und Ab der Wellen, deren Brandung sich am Strand bricht. Und dann die Wolken. Sie ziehen ganz tief über das Meer und leuchten in den flammenden Farben der untergehenden Sonne. Und das mag Lisa. Sie schaut und schaut und entdeckt immer neue Phantasiegebilde in den Wolken.
Dann setzen sie sich auf die großen Steine am Strand. Langsam wird es kühl, aber in den Steinen ist noch die Hitze der Mittagssonne gespeichert. Es ist schön, einfach auf den warmen Steinen zu liegen, zu schauen und sich zu freuen. Und dann erzählt Lisa ihren Eltern, was sie alles entdeckt: „Da, die rote Wolke sieht aus wie eine große Kutsche mit vielen weißen Pferden davor. Ob Gott manchmal über den Himmel zieht mit den Wolken? Bestimmt macht er das abends, wenn alles so schön angeleuchtet ist von der Sonne.“

„Lisa, jetzt geht wieder deine Phantasie mit dir durch!" Die Mutter schaut Lisa von der Seite an. „Ach Mutti, lass mich doch mal. Wie stellt ihr euch Gott denn vor?" Die Eltern schauen sich verlegen an. Zum Glück erwartet Lisa keine Antwort. „Wenn die Wolken so daher ziehen und die Strahlen der Sonne alles feuerrot einfärben, dann stelle ich mir vor: Gott hat sein Abendkleid an, einen weiten schönen Mantel mit vielen Gold- und Silberfäden und er leuchtet in allen Farben. So macht Gott seinen Abendspaziergang und schaut sich seine liebe Erde an." „Ja, aber ob er sich daran so freut?", wendet der Vater ein. Er ist jetzt richtig gespannt auf die Ideen seiner Tochter. „Doch, ein bisschen freut er sich bestimmt noch. Da ist die Erde mit ihren Bergen und Tälern und das riesige Meer. Alles hat er geschaffen, damit seine Geschöpfe darin leben können. Hier im Meer die Fische und die Krebse und Muscheln. An den Ufern die Möwen und die Regenpfeifer. Überall verschiedene Tiere, passend zu jedem Klima. Und weil die Tiere zu fressen brauchen, hat er all die schönen Pflanzen wachsen lassen. Das Gras für die Kühe, die Bäume für die Waldtiere und die Blumen für die Bienen. Gott hat es gerne schön auf seiner Erde, darum hat er seinen Wesen ganz viele Farben gegeben."
„Nur die Menschen haben es wohl noch nicht begriffen", die Mutter schaut nachdenklich die Küste hinunter, wo im Dunst die Schornsteine eines großen Kraftwerkes in Himmel ragen. „So viele Bäume gehen schon kaputt, wer weiß, wie es noch wird?"
Jetzt schaut Lisa ihre Mutter von der Seite an: „Ihr Großen seid aber auch manchmal schwierig. Erst sagt ihr: Wer weiß, wie lange das noch weitergeht mit der Erde. Aber dann macht ihr weiter, als wäre nichts. Ihr zum Beispiel fahrt so oft mit dem Auto. Wenn ich groß bin, erfinde ich ein Auto, das nur mit Sonnenenergie fährt. Mit dem Licht der Sonne kann man nämlich Strom machen. Wir haben das im Kindergarten ausprobiert! Oder ich fahre einfach mit dem Fahrrad. Ich finde Bäume nämlich wichtiger als Autos."
Dem Vater geht vieles im Kopf herum. Er denkt an seine Arbeit. Da wird viel Strom gebraucht, um alle Sachen herzustellen, die die Menschen kaufen wollen, weil sie das Leben bequem machen. „So einfach ist das nicht!", denkt er. Wer will schon freiwillig zurückstecken? Und vor allem: Wer fängt damit an?
Aber bevor der Vater etwas sagen kann, sprudelt es aus Lisa heraus. Ihre Phantasie ist nun in vollem Schwung: „Wenn so viele Menschen wissen: es muss sich was ändern, sonst machen wir Gott seine Erde kaputt, warum tun sie dann solche dummen Dinge?" Lisa schaut ihre Mutter an. Die zuckt mit den Schultern und sagt: „Vielleicht, weil sie meinen, sie könnten es ohne Gott besser machen. Sie sagen: Beten allein hilft auch nicht. Aber vor lauter Arbeit vergessen sie Gott dann ganz."
Lisa hat eine Idee: „Das mit dem Gebet ist eine gute Sache. Ich werde zu Hause in unserem Garten auch ein Gebet pflanzen, damit wir Gott nicht vergessen."

„Aber Lisa, ich glaube, jetzt hast du deine Mutter nicht verstanden. Ein Gebet ist doch was anderes, als du meinst. Ein Gebet ist doch: Ich spreche mit Gott. Wenn ich Gott lobe, weil ich mich an der Welt freue. Oder wenn ich Gott klage, worüber ich traurig bin. Das ist ein Gebet. Was du meinst, ist ein Beet!"
„Beet oder Gebet, ist doch egal! Dann pflanze ich eben ein Beet mit schönen bunten Blumen. Denn Gott hat es gerne schön, sonst würde er doch nicht so tolle Lichtkleider anziehen am Himmel. Und ich nenne es mein Freudengebets-Beet: Gott, das hast du gut gemacht mit deiner Erde, danke schön!"
Der Vater schüttelt lachend den Kopf und freut sich über seine Tochter. „Ich bin schon gespannt auf Lisas Freudengebets-Beet! Schaut, die ersten Sterne sind zu sehen." Lisa kuschelt sich zwischen ihre Eltern und blinzelt in den Himmel. Die Sonne ist untergegangen. Die ersten Sterne funkeln am Himmel. „So groß ist Gottes Welt!" Die Mutter drückt Lisa ganz fest an sich und sagt: „Und so unzählig wie die Sterne am Himmel, so unzählig sind auch die Menschen. Gott kennt alle seine Kinder trotzdem mit Namen. Lisa, wenn du magst, helfe ich dir bei deinem Freudengebets-Beet. Hat Gott nicht gesagt: ‚Ihr seid alle eingeladen, die Schöpfung zu bewahren?'"
(nach Motiven aus Ps 104)

Die Farben der Vögel
(einem Märchen der Indianer nacherzählt)
Es war ein langer Festtag, der nun seinem Ende zuging. Im weiten Rund der Zelte schimmerte nur noch die Glut der Feuer.
An einem dieser Feuer saß der Häuptling. Sein Sohn hatte sich eng an ihn gelehnt und schaute in das weite Rund. Ganz unvermittelt drehte er sich um: „Du, Vater, wie kommt es eigentlich, dass die Vögel so schöne bunte Federn haben?" Und der Häuptling erzählte ihm die Geschichte, die er von seinem Großvater kennen gelernt hatte.
Am Anfang, als der Gott des Himmels alle Tiere geschaffen hatte aus der Erde, hatten die Vögel ein graues Gefieder. Eines Abends trafen sie sich alle an ihrem großen Versammlungsbaum. Auf einmal war ein großes Geflatter und Gekreische.
„Wie kommt es eigentlich, dass alle Tiere und Pflanzen so schöne Farben tragen? Nur wir sind so langweilig grau und schwarz und grau und schwarz! Wenn ich mir nur die Blumen auf den Wiesen anschaue! Welche Farbenpracht im Frühling! Und die vielen bunten Schmetterlinge im Sommer, wie ein bunter Wasserfall schwirren sie über das trockene Land! Denkt doch nur an das Laub der Bäume im Herbst, wie schön gelb und rot und braun es sich färbt! Das ist gemein", piepste das kleine Graukehlchen!
„Ich möchte auch ein buntes Gefieder haben", sang ihm der Dompfaff zu.
Nur der Rabe war zufrieden: „Rab, rab, schwarz ist auch 'ne schöne Farbe, rab!"

Aber alle anderen beschlossen: Morgen werden wir zum Gott des Himmels fliegen und ihn um ein buntes Gefieder bitten.
Der kleine Kolibri allerdings war traurig: „Fliegt ihr nur, ich schaffe es nicht, ich muss hier bleiben."
Und der Rabe krähte wieder: „Rab, rab, schwarz ist auch 'ne schöne Farbe, ich bleib' hier."
Früh am nächsten Morgen, noch bevor die ersten Sonnenstrahlen über das Land fielen, da trafen sich alle Vögel am großen Baum. Und beim ersten Licht der Sonne flog der ganze Schwarm wie eine riesige Wolke hinauf zum Himmel. Immer höher und höher flogen sie. Und es wurde wärmer und wärmer. Die Sonne brannte und bei vielen Vögeln schwand die Hoffnung. Doch dann und wann flogen sie durch eine große Wolke. Und die Wolken öffneten sich ein wenig und erfrischten die Vögel mit ihrem Wasser. Das tat gut und gab ihnen neue Kraft. Je höher sie aber kamen, desto mehr verließ sie der Mut.
„Ich schaffe es nicht mehr, fliegt ihr weiter!" Der Zaunkönig hatte keine Kraft mehr. Viele andere der kleinen Vögel wollten mit ihm umkehren. Und sie schmetterten mit letzter Kraft: „Wie weit ist es denn noch, wir können nicht mehr." Da war es, als wenn sie eine Stimme hörten:
„Haltet noch ein wenig durch! Gleich wird eine große Wolke kommen. Wenn ihr diese Wolke durchflogen habt, dann werdet ihr ein Wunder erleben!"
Und es geschah so: Eine große dunkle Wolke hüllte den großen Schwarm der Vögel ein. Ihr Wasser gab ihnen neue Kraft und Mut. Und dann, als sie durch die Wolke hindurchgeflogen waren, staunten sie. Ein großer Regenbogen zog sich über den ganzen Himmel und tauchte ihr nasses Gefieder in ein buntes Licht. Und da begriffen sie es. Voller Freude sangen sie und flogen mit den gewagtesten Kunststückchen durch den Regenbogen hindurch. Alle suchten sie sich ihre Lieblingsfarben aus: Das klare Blau und das geheimnisvolle Indigo; das tiefe Violett, das feurige Rot und Orange; das leichte Gelb und das satte Grün. Danach machten sie sich voller Glück auf den Rückweg. Nur der Papagei, der Papagei soll noch dreimal zurückgeflogen sein, er konnte gar nicht genug Farbe bekommen.
Man kann sich vorstellen, welch eine Freude am großen Baum herrschte! Alle zeigten sich voller Stolz ihr prächtiges Gefieder. Das Rotkehlchen streckte seine Brust und maß sich mit dem Dompfaff. Der Eisvogel ließ sein blaues Gefieder in der Sonne blitzen. Die Papageien schnatterten wild durcheinander. Nur der kleine Kolibri war traurig: „Ihr habt so schöne Federn und ich bin so traurig grau!" Der Rabe aber war immer noch zufrieden: „Rab, rab, schwarz ist auch 'ne schöne Farbe."
Da sangen die anderen Vögel dem Kolibri ins Ohr: „Warte ab, bis der nächste Regen kommt, dann fliegst du zu einer Pfütze, in der sich der Regenbogen

spiegelt. Und dann spritzt du dir hier und da ein bisschen Farbe an dein Gefieder."
Und so sieht der Kolibri noch heute aus, als hätte er sich hier ein wenig Farbe angespitzt und da ein wenig Farbe angespritzt.
Alle Vögel aber waren glücklich und zufrieden über die schönen Farben ihrer Federn.
Der Sohn schaute hinauf zum Himmel, an dem die ersten Sterne leuchteten: „Du, Vater, meinst du, das wäre wirklich so passiert?" „So genau weiß ich das auch nicht. Aber eines weiß ich: Noch heute treffen sich die Vögel bei Sonnenaufgang an ihrem Baum und singen dem Gott des Himmels ihr Danklied."

Noahs Arche

Gott hatte alles gut geschaffen. Und nach vielen Jahren schaut Gott auf seine Schöpfung. Er liebt alles, was er geschaffen hat. Aber da sieht er die Menschen. Es sind viele geworden und sie sind böse zueinander. Sie haben Gott, ihren Schöpfer vergessen.
Da spricht Gott: „Es tut mir Leid, dass ich die Menschen geschaffen habe. Ich will, dass sie von der Erde verschwinden, es reicht mir mit ihrer Bosheit!"
Aber da ist auch die Familie von Noah, sie findet Gnade vor Gott. Und Gott spricht zu Noah: „Bau dir einen großen Kasten aus Tannenholz, eine große Arche soll das werden, mit drei Stockwerken. Und dichte alles gut ab mit Pech. Nur eine Tür sollst du an der Seite lassen und ein Fenster im Dach. Noah, ich lasse eine große Flut über die Erde kommen. Du aber sollst mit deiner Familie gerettet werden. Ich habe euch lieb gewonnen, ihr bleibt am Leben. Wenn deine Arche fertig ist, dann sammle von allen Tieren ein Paar. Bringe sie in die Arche. Und wenn alle in der Arche sind, dann hole auch deine Frau und deine Söhne Sem, Ham und Jafet und ihre Frauen zu dir auf das Schiff. Und vergiss nicht, für alle genug Futter und Essen zu besorgen." Noah zögert nicht. Er baut die Arche, so wie Gott es ihm gesagt hat. Er sammelt die Tiere und führt sie auf die Arche, zuletzt geht seine Familie hinein. Gott verschließt die Tür hinter ihnen.
Und nach sieben Tagen geschieht es, die große Flut kommt. Der Himmel reißt auf und Wasser flutet über die Erde. Und aus den Tiefen der Erde bricht Wasser hervor. Überall Wasser, überall wilde Flut, bis an die Spitzen der Berge. Und alles ertrinkt. Tiere und Menschen müssen sterben.
Vierzig lange Tage und Nächte vergehen. Da denkt Gott an Noah und seine Familie und alle Tiere auf der Arche. Er lässt einen starken Wind aufkommen und er verstopft die Quellen der Tiefe, da endlich gehen die Wasser zurück. Und als die ersten Bergspitzen aus den Fluten auftauchen, da landet die Arche auf festem Grund.

Vierzig Tage vergehen. Noah öffnet das Fenster im Dach und lässt eine Taube hinaus. Aber sie findet nur Wasser und kommt zurück in die Arche. Nach sieben Tagen schickt Noah die Taube noch einmal los. Mit einem Ölzweig im Schnabel kehrt sie zurück. Und dann, als Noah noch einmal sieben Tage gewartet hat, da lässt er wieder eine Taube fliegen, und sie kehrt nicht zurück.
Nun ist Noah ganz sicher, die Erde ist trocken. Er öffnet die Tür ganz weit, alle Tiere ziehen aus der Arche, von den großen Elefanten bis zum kleinen Regenwurm. Gott spricht: „Breitet euch aus auf der ganzen Erde, dass ihr ganz viele werdet. Ich will euch für immer bewahren!"
Noah sieht die Erde, er sieht die Tiere, wie sie in alle Himmelsrichtungen ziehen, er freut sich: „Danke, Gott, dass du uns gerettet hast!" Und er baut einen Altar.
Auch Gott freut sich an seiner Erde, den Tieren und den Menschen, und er spricht: „Noah, ich segne dich und alle deine Nachkommen. Ich will mich mit dir und allen, die nach dir kommen, verbünden. Auch wenn Menschen Böses tun, ich verspreche dir: Solange die Erde steht, soll nicht aufhören Saat und Ernte, Frost und Hitze, Sommer und Winter, Tag und Nacht. Schau auf das Zeichen!" Als Noah mit seiner Frau und seiner Familie aufschaut, da sieht er es: Ein großer Bogen spannt sich von der Erde in den Himmel und zurück, er strahlt in allen Farben.
Und Noah weiß es, und alle Menschen wissen es bis heute: Der Regenbogen ist das Zeichen des Friedens zwischen Gott und den Menschen! Und wenn er sich nach einem Regen vor dunklen Wolken über den Himmel spannt, dann denken wir daran: Gott und die Menschen gehören zusammen!

Ein kleines Weizenkorn träumt – eine Geschichte zum Mitmachen

Alle Kinder bekommen ein Weizenkorn in die Hand gelegt. Die Erzählerin unterstützt ihre Geschichte durch die folgenden Gesten, die die Kinder mitmachen.
In der Mitte liegt ein Tuch, darauf eine Schale mit einem Brot. Diese Schale ist mit einem anderen Tuch zugedeckt.
Schaut mich an! Ich bin ein kleines Weizenkorn, klein und unscheinbar. Aber was ihr nicht sehen könnt: In mir steckt eine große Kraft!
Die Kinder recken und strecken sich und zeigen ihre Kraft.
Woher ich komme? Ich weiß es nicht genau. Aber ich ahne etwas: Da war ein anderes Korn, irgendwann einmal wurde es in die Erde gelegt. Das Wasser und die Wärme der Sonne haben es geweckt, und es hat sich entfaltet, ist gewachsen und gereift unter der Glut der Sonne, gebleicht und gewaschen im Regen.
Die Kinder vollziehen das Wachstum des Korns nach, von dem kleinen Korn in der Erde bis zur hochgewachsenen Ähre.

Und als die Ähren reif waren, hat sie der Bauer geschnitten und gedroschen. Nun waren es viele Körner und eines davon bin ich. Das ist meine Geschichte. Das ist unser Lebenssinn.

Die Kinder schauen noch einmal auf ihr kleines Korn.

Oder kann aus mir noch etwas anderes werden; etwas, bei dem meine Kraft anderen gut tut? Ich will nicht bei mir bleiben. Was ich mir vorgenommen habe, ist schwer, darum werde ich mir andere Körner suchen. Ich schaffe es nicht allein. Meine kleine Kraft reicht dafür nicht aus. Dazu muss ich sogar meine Hülle verlassen. Ich weiß, das klingt hart, aber um meine Kraft mit den Kräften der anderen zu vereinigen, muss es geschehen. Erst im gemahlenen Mehl kann meine Kraft Neues bewirken.

Die Kinder reiben die Handflächen wie eine Mühle.

Aus vielen Körnern ist Mehl gemahlen worden. Damit es weitergeht, wird das Mehl mit Wasser vermengt. Ohne Wasser gibt es kein Leben. Wasser reinigt. Alles, was stört, wird ausgewaschen, damit meine Kraft wachsen kann. Wasser verbindet uns zu einem großen Teig. Die kräftigen Hände des Bäckers kneten und vermischen den Teig. Dabei wird noch Hefe und ein wenig Salz untergemischt. Und wieder werden wir vermengt.

Die Kinder erfinden nun Bewegungen, mit denen sie die Teigherstellung nachspielen.

Nun brauchen wir Zeit zum Ruhen. Der Bäcker deckt ein Tuch über uns, es ist dunkel.

Die Kinder nehmen beide Hände an eine Schläfe und „schlafen“.

Doch was ist das! Ich spüre es ganz deutlich: Ich verwandle mich. Ich wachse, wir alle wachsen über uns hinaus. Und wir spüren unsere Stärke. Und dann ist da noch das Salz, es kitzelt in der Nase. Wenn ihr es hören könntet, ihr würdet staunen. Lauter kleine Bläschen platzen. Das ist unser Lachen. Das ist unsere Freude über unsere Kraft, die wir spüren.

Die Kinder wachen langsam auf, stehen auf und machen sich groß und dick.

Und noch einmal holt uns der Bäcker. Er knetet den Teig und formt viele Brotlaibe aus uns. Doch was kommt jetzt? Er schiebt uns in einen Ofen. Puh, ist das heiß! Ich erinnere mich an die Sonne, die mich wachsen ließ. Aber hier ist es heißer, um mich herum glühen Holzscheite. Die Hitze verschlägt mir den Atem. Die Wärme geht mir durch und durch.

Die Kinder setzen sich wieder und machen sich ganz klein auf dem Stuhl.

Ich habe große Angst! Wird das gut ausgehen? Ja, und ich merke: Noch einmal geschieht eine Verwandlung. Das Feuer brennt, aber es verbrennt mich nicht.

Auch das hat seinen Sinn. Durch das Dunkle der Angst bin ich nun, wovon ich zu träumen gewagt habe: Ein Brot! – Welch ein Reichtum und welch eine Hoffnung!

Die Kinder atmen erleichtert einmal tief ein und aus.
Doch: Wo das Brot allein bleibt, ist es nicht nützlich.
Die Erzählerin nimmt das Tuch vom Brot in der Mitte und bittet die Kinder, ihre Körner rund um die Schale zu legen.
Vom kleinen Korn zum Brot, das ist ein langer Weg. Erst als geteiltes Brot kann ich meine Kraft weitergeben. Welch ein Auftrag! Als Brot bin ich Zeichen für Jesus Christus, denn er hat gesagt: Ich bin das Brot des Lebens. – Und alle, die zu ihm kamen, wurden satt an Leib und Seele.
Nun wird das Brot im Kreis herumgegeben, alle dürfen davon essen, und tauschen ihre Erfahrungen mit der Geschichte aus.

Brot des Lebens für die Welt
Ein Vater erzählt von seiner Begegnung mit Jesus:
Wir waren unterwegs zu diesem Jesus von Nazareth. Meine Frau, meine Kinder und ich. Nachbarn von uns haben von ihm erzählt. Und meine Kinder wollten ihn unbedingt kennen lernen. Wer ist das, von dem einige sagen: Das ist der, den Gott uns versprochen hat.
Nun war er ganz in der Nähe unseres Dorfes am See. Wir packten also ein wenig Proviant und zogen los. Mittags wollten wir zurück sein. Ich war ja erst nicht überzeugt, aber dann habe ich es gesehen: Der Sohn unseres Nachbarn ist wieder gesund, geheilt, nachdem er bei Jesus war.
An diesem Tag waren es viele, die zu Jesus wollten. Also gingen wir hinterher. Die da vorn würden schon wissen, wo er ist. Am Fuße eines Berges stockte es. Unserer Tochter wurde es bald langweilig bei uns in der Menge. Sie lief vor, ich musste ihr folgen. Lange musste ich nach ihr suchen. Da endlich finde ich sie, ganz vorn in der Menge. Und tatsächlich, dort sitzt Jesus im Kreis der Jünger. Ich sehe sofort, die Jünger haben ein Problem. Sie sprechen über das Essen. Einer kramt im Beutel. Was er wohl überlegt? „Brot, für alle diese Menschen?", so fragt es aus seinem Gesicht. Und ich denke bei mir: Gut, dass ich einen kleinen Vorrat habe! Aber was ist das? Da kommt doch aus der Menge ein Junge und trägt einen Korb in den Kreis der Jünger. Er stellt seinen Korb vor Jesus hin. Ich sehe es genau, fünf Brote und zwei Fische sind darin. Er stellt den Vorrat für die ganze Familie dorthin! Was der Vater wohl dazu sagen wird?
Jesus steht auf und gibt den Menschen ein Zeichen: „Setzt euch alle, setzt euch zusammen", sagt er. Ich spüre die Erwartung der vielen, vielen Menschen. Nach und nach setzen sie sich.
Jesus nimmt ein Brot, so wie wir es zu Hause tun: Er hält es hoch und spricht das Dankgebet: „Gott, unser Vater, danke für das Brot, das du uns schenkst." Und dann bricht er das Brot und er kommt auf mich zu und er gibt mir ein Stück. „Für dich, nimm und iss!"

Ich schaue und kann gar nicht anders, ich nehme, ich esse und gebe weiter: Nimm und iss. Auch aus meinem Beutel nehme ich Brot: „Da Bruder, nimm und iss."

Eine wohltuende Ruhe legt sich über den Hügel. Die vielen Menschen um mich herum, auf einmal wirken sie gar nicht mehr fremd auf mich. Die angenehmen Strahlen der Nachmittagssonne leuchten in die Gesichter. Der Geschmack des Brotes und der kühle Wind, der vom See herüber kommt. Es ist gut, bei Jesus zu sein, ganz weit ist mein Herz geworden. Er muss es sein, der Friedenskönig, den Gott uns schickt, Gottes Sohn. Und er hat mir das Brot gereicht. Für alle ist genug, hat er gesagt. Und ich esse, und ich gebe weiter. So wird das Leben gut. Das ist meine Geschichte, die hat mich verändert. Jesus, Brot des Lebens für Welt.

(nach Joh 6,1-10)

Bei Gott sind wir gut aufgehoben

Mit Kindern dem Tod begegnen

Einführung

Tod und Sterben

Kinderfragen zu Tod und Sterben bringen uns auf ein Thema, das nicht so leicht runtergeht, so zwischen Kaffee, Brötchen und Small-Talk, weil es uns als Betroffene einholt. Kaum jemand von uns kann distanziert mit dem Tod umgehen, wenn er uns näher rückt. Ob in der Verwandtschaft, in der Nachbarschaft oder auch nur, wenn im eigenen Haushalt ein Tier stirbt, dann ist es da: der Tod, und mein Leben, das unaufhaltsam auf den Tod zugeht.
Und da ist auch das andere: unsere Hilflosigkeit, unser Nicht-vorbereitet-sein in einer Gesellschaft, die den Tod immer weiter hinausgedrängt hat, den Umgang mit Toten und alles um den Tod herum in professionelle Hände abgegeben hat.
Aber es ist nun mal so, wie Bertolt Brecht es gesagt hat: Wer nicht sterben kann, stirbt auch.

Wir nähern uns diesem Thema im Rahmen unserer Arbeit im Kindergarten einer Kirchengemeinde, also einer Institution, in der Sonntag für Sonntag der Gott gefeiert wird, der das Leben in seiner Hand hält. Der Gott, dessen Liebe zu den Menschen so groß ist, dass er durch den Tod seines Sohnes hindurch und gerade deshalb erwiesen hat: Ich bin stärker als der Tod.
Also steh auf, Mensch, ergreife dein Leben, in aller Endlichkeit ist es dir anvertraut, in aller Ewigkeit ist es gut aufgehoben in Gottes Hand. Dies ist das Geheimnis Gottes und seiner Liebe zu den Menschen, und doch bleibt der Tod unbegreiflich und feindlich.
Das zu begreifen kann uns ein Leben lang beschäftigen. Aber immer wieder gibt es Stationen, kleine Abschiede, an denen wir uns dessen bewusst werden: Auch ich muss eines Tages sterben.
Das Geheimnis des Lebens liegt mit den Worten der Bibel nun allerdings nicht in der Verdrängung dieses Tatbestandes, sondern in seiner bewussten Annahme. Dabei, siehe Jakob, wird sehr menschlich davon erzählt. Auch Jakob kann erst die Angst vor dem Tod überwinden, als er um das Schicksal seines Sohnes Josef weiß.

Weil ich in Tod und Leben gehalten bin in der großen Schöpfungsweisheit Gottes, darum kann mein kleines begrenztes Leben sinnvoll und erfüllt sein. Das macht den Wert des Augenblicks erst aus und ermöglicht Nachsicht, denn ich kann und soll wohl auch nicht alles leisten. Ich stehe in einer Folge von Generationen, Menschen, die vor mir waren und nach mir sein werden.

Zugänge gibt es über Bilderbücher, doch ist jedes Buch nur ein Medium, es ersetzt nicht die Beziehung zueinander, das aufmerksame Hören und das Gespräch. Aber es ist immerhin ein gutes Medium, denn es ermöglicht im Lesen und Hören ein Identifizieren mit verschiednen Rollen, die es Kindern und Erwachsenen ermöglichen, sich in die Situation der von Tod und Trauer, aber auch von Krankheit betroffenen Menschen hineinzuversetzen.
So kann durchaus eine Vorwegnahme von Erfahrungen gemacht werden, Handlungskompetenz erworben werden, die dann bei eigener Betroffenheit helfen.

Zuvor steht aber ein Blick auf die Kinder und ihr Verhältnis zum Tod, in aller Kürze und ausdrücklich nicht mit dem Anspruch, hieraus therapeutische Schritte zum Umgang mit von schweren Verlusten betroffenen Kindern abzuleiten.

Tod und Sterben im Verständnis von Kindern
Jedes Kind erlebt Vergänglichkeit, Abschied und Tod – aber jedes Kind erlebt es anders. Dies ist abhängig von mindest drei Faktoren der Umgebung: Kultur, Religion und soziales Umfeld.
Kinder begegnen dem Tod allerdings schon früh. Wir helfen ihnen also, wenn wir ihnen das Thema nicht ersparen, sondern sie bei den Erfahrungen begleiten, auch wenn es schwerfällt.
Dabei fällt auf: Aus sich heraus verstummen Kinder nicht, wenn sie dem Tod begegnen, sondern sie stellen – offen oder versteckt – Fragen: Was bedeutet der Tod für mich? Wohin gehe ich, gehst du, wenn wir sterben? In den Himmel? Kindern geht es immer auch um die Angst vor dem Verlust der Eltern!
So sehr die Psychologie uns Wichtiges sagen kann über die menschliche Erfahrung von Sterben und Tod, so sehr hat diese Frage auch eine religiöse Dimension:

- Die Sterblichkeit als Teil des Lebens stellt die Frage nach Gott und dem Ursprung.
- Fragen nach den Ritualen, die tragen, und Vorstellungen von dem „Danach" bekommen vom christlichen Auferstehungsglauben Antwort: Gottes Treue gilt über den Tod hinaus, ein Vertrauen darauf ist kein Wissen, aber wehrt der Spekulation.

- Im Gespräch mit Kindern geht es immer auch um die Frage nach der Hoffnung, aus der wir leben, wir brauchen den Tod daher nicht mit einem Tabu belegen.
- Und: In jedem Stadium ihres Lebens machen Kinder ihre ganz eigenen Erfahrungen. Sie denken jeweils anders über den Tod nach, stellen jeweils andere Fragen und finden jeweils andere Antworten. Die Altersangaben sind dabei nicht festlegend, sondern geben eine Richtung an.

Kinder unter 3 Jahren

Für sie gibt es keinen Unterschied zwischen belebter und unbelebter Natur. Nur das, was ein Kind in diesem Alter mit-erleben kann, ist wirklich. Daher erleben die Kinder den Tod auf keinen Fall als endgültig, eher als Abwesenheit, als Trennung von etwas Liebgewordenem. Bereits länger anhaltende Trennungen von der Mutter z. B. werden als Bedrohung erfahren. Fehlendes Zeitverständnis und hohe emotionaler Abhängigkeit lösen daher Verlustängste aus. Aber durch die Nähe spürt das kleine Kind auch die Trauer der Mutter deutlich näher.

Der Tod wird noch nicht begriffen, weil Endgültigkeit noch nicht verstanden wird.

Kinder von 3 – 5 Jahren

Auch diese Kinder können den Tod gedanklich noch nicht fassen, nehmen ihn aber stark emotional wahr. D. h., dass sie sehr genau mitbekommen, was in ihrer Umgebung vor sich geht. Tot-Sein ist Weg-Sein, darum kann man auch wiederkommen.

Der Tod betrifft nicht die Eltern, die Angst vor dem bedrohlichen Verlust führt geradezu zu einer Verweigerung, solches zu denken: Meine Eltern werden nicht sterben!

Ansonsten ist der Umgang mit dem Tod ungezwungen, eine für Erwachsene geradezu erschreckende Neugier geht damit einher: Tote Vögel werden ausgegraben ...

Damit einher aber geht auch: Mich betrifft das nicht, mögen auch Tiere, Nachbarn oder Oma sterben.

Kinder von 6 – 9 Jahren

In diesem – von der Entwicklungspsychologie auch Phase des naiven Realismus genannten – Alter entsteht nach und nach ein deutliches Bewusstsein von der Endlichkeit des Menschen, auch der eigenen. Aber immer noch ist das Kind auf Anschaulichkeit angewiesen, um zu begreifen.

Der Tod ist für immer. Aber nun kommen die Fragen: Wo ist der Opa? Wir haben ihn begraben, und ihr sagt, er ist im Himmel!

Ängste entstehen nun auch, selber betroffen zu sein: Wenn die Tante stirbt, kann auch die Mama sterben? Wenn das 11jährige Kind aus der Nachbarschaft sterben kann, kann dann auch ich sterben?

Was bedeuten diese Hinweise für unsere Reaktionen?

Wenn Kinder Tod und Sterben begegnen, dann brauchen sie

- Gelegenheit, das Trauern zu lernen. Sie möchten Trauer erleben, möchten erleben, wie Gefühle gegenüber einem Tier oder einem Mensch sich allmählich auflösen und neuen Beziehungen weichen. Sie brauchen daher auch unsere Ehrlichkeit und unser aktives Zuhören, damit wir individuell auf sie eingehen können.
- Möglichkeiten zu Rückerinnerungen, zu starken Gefühlen, auch Schuldgefühlen und Wut. Auch über Bücher und Geschichten kann das geschehen. Möglichkeiten, über die kleinen Verluste zu trauern. Auch der kleine Vogel braucht sein Abschiedsritual, damit Kinder lernen, mit den späteren größeren Verlusten umzugehen.
- Informationen über Todesfälle in ihrer Umgebung. Nur so erfahren sie, warum Erwachsene in ihrer Umgebung sich anders verhalten, und beziehen es nicht sogar auf sich.
- die Möglichkeit, die Endgültigkeit des Todes zu begreifen. Was Erwachsene als Metapher für den Tod verstehen, verstehen Kinder wörtlich: „von uns gegangen, eingeschlafen, von Gott geholt, einen Menschen verlieren ...“ Auch der Glaube an ein Leben nach dem Tod, wie oben beschrieben als Geborgenheit in der Ewigkeit Gottes, ist hier für Kinder unmissverständlich als nicht irdisch zu betonen.
- Möglichkeiten, sich von Verstorbenen zu verabschieden. Kein Kind ist für die Teilnahme an Abschiedsritualen zu jung! Auch Kinder brauchen einen Ort für ihre Trauer.
- genügend Gelegenheit, ihre Gefühle über einen Verlust durchzuarbeiten. Sie brauchen Ermunterung, ihre Erfahrungen im Spiel, durch das Lesen von Büchern, durch Menschen, die einfach da sind und zuhören, durch kreative Beschäftigung (Malen, Gedichte) aufzuarbeiten.
- die Sicherheit, dass ihre Eltern gut auf sich aufpassen, um für sie lange genug am leben zu bleiben. Denn die Vorstellung vom Tod ist das Eine, die Angst vor dem Verlust der Eltern das andere. Darum brauchen sie bei aller Klarheit über die Endlichkeit jedes Menschen die Gewissheit, dass Eltern voraussichtlich nicht sterben, bevor die Kinder erwachsen sind.
- das Wissen, dass bisweilen auch Kinder sterben. Kinder sterben nur dann, wenn sie sehr krank sind oder einen schweren Unfall erlitten haben, die meisten wachsen heran und erreichen ein hohes Alter.
- Ermunterung: Zeigt eure Gefühle! Weinen, lachen, wütend sein, alles sind

Weisen, der Trauer Ausdruck zu geben. Wir können Anteilnahme zeigen und Gesprächbereitschaft aussprechen.
- Sicherheit: Meine Fragen werden ehrlich beantwortet. Nicht ausweichen, sondern gemeinsam auf die Suche nach Antworten gehen. Kinder verstehen, dass Erwachsene nicht immer gleich eine Antwort haben, im Gegenteil! Auf die Fragen der Kinder hören, und nicht Antworten auf Fragen geben, die sie gar nicht gestellt haben!

Ideen zur Gestaltung

Eine Erinnerungsecke in der Einrichtung

Aus aktuellem Anlass wird es notwendig sein, Kindern für ihre Trauer einen Raum zu geben. Hierzu wird eine kleine Ecke eingerichtet, die von den Kindern mitgestaltet wird.
Ab und zu können sich Kinder in diese Ecke zurückziehen. Dabei kann hilfreich sein, im Sich-Erinnern etwas zu tun. Eine mögliche Anregung ist, dass sie ein Bild malen oder ein kleines Erinnerungslicht für die/den Verstorbenen basteln. Zusammengestellt zeigen diese dann, wie wir alle vom Tod betroffen sind und darum uns gegenseitig Trost geben können.
Die Kinder bekommen hierzu Gläser aus Weißglas (Marmelade etc.). Mit gerissenem Transparentpapier können diese mit einfachen Ornamenten flächig beklebt werden. Als Klebstoff eignet sich Tapetenkleister oder Klebestifte. Nach der Fertigstellung werden Teelichte mit Klebwachs in das Glas eingesetzt. Entzündet werden die Kerzen mit langen Kaminstreichhölzern.

Kreuztanz zu „Du verwandelst meine Trauer in Freude“

Für die Gestaltung des Liedes stellen sich die Kinder an vier Seiten außen hintereinander auf (dies geht mit Gruppen ab acht, besser mit 12 Kindern). In der Mitte steht eine brennende Kerze.

Du verwandelst meine Trauer in Freude,	Alle Kinder haben die Hände über der Brust gekreuzt. Die beiden ersten Gruppen (oben und unten) gehen acht Schritte zur Mitte, öffnen dabei langsam die Hände und strecken sie nach oben.
du verwandelst meine Ängste in Mut.	Die beiden anderen Gruppen (links und rechts)

	gehen acht Schritte zur Mitte, öffnen dabei langsam die Hände und strecken sie nach oben.
Du verwandelst meine Sorge in Zuversicht,	Die vier Kinder in der Mitte fassen sich an der Hand und gehen in acht Schritten im Kreis. Die anderen Kinder bleiben stehen und klatschen in die Hände
guter Gott, du verwandelst. mich	Die vier Gruppen gehen mit nach oben geöffneten Händen in acht Schritten wieder zur Ausgangsposition zurück. Das erste Kind in den Gruppen wechselt nach hinten und der Tanz beginnt von vorn, bis alle einmal in der Mitte waren.

Lieder

Du verwandelst meine Trauer

Text: Grupe Liturgie; Musik: Bernd Schlaudt

Geschichten

Abschied von Max

Hinten in unserem Garten blühen drei Osterglocken. Und dazwischen steht ein kleines Kreuz. Wenn man ganz nah heran geht, kann man noch lesen, dass auf dem Kreuz MAX steht.

Max war einer von meinen beiden Hamstern. Im letzten Herbst wurde er krank. Wir sind mit ihm zum Tierarzt gefahren. Der hat ihn vorsichtig untersucht und ihm eine Spritze gegeben. Aber dann hat er uns gesagt, dass Max vielleicht bald stirbt, denn Hamster werden nicht viel älter als zwei Jahre.

Und in den letzten Herbstferien lag er eines Morgens tot im Stall neben dem Rad. Mein anderer Hamster saß ganz traurig in der Ecke. Ich habe mit meiner Schwester eine Schachtel mit weicher Holzwolle geholt. In diese Schachtel haben wir Max vorsichtig hineingelegt. Er fühlte sich ganz anders an als sonst.

Ich war sehr traurig, Max war immer so lustig mit seinen pfiffigen Augen. Ich konnte mich noch gut an den Tag erinnern, als ich ihn in der Zoohandlung ausgesucht habe.

Was machen wir jetzt mit ihm? Meine Schwester hat gesagt: Wir beerdigen ihn im Garten. Nach dem Frühstück ist Mama mit uns hinten in den Garten zum Johannisbeerstrauch gegangen. Sie hat eine Schaufel mitgebracht. Ich habe die Schachtel gehalten und meine Schwester hat ein kleines Loch an dem Strauch in die Wiese gebuddelt. Dann habe ich die Schachtel vorsichtig in das Loch gelegt und das Loch wieder mit Erde zugemacht. Mama hat uns noch ein paar Blumenzwiebeln gegeben, die haben wir mit eingepflanzt. Aber damit war es noch nicht fertig. Ich habe mit meiner Schwester noch ein kleines Kreuz gebastelt und mit einem dicken Stift MAX darauf geschrieben.

Abends habe ich von meinem Zimmer aus in den Garten geschaut. Da waren noch viele Vögel auf der Wiese, nur mein Max, der war tot. Abschied nehmen ist gar nicht so einfach!

Da musste ich wieder weinen, ich hatte Max doch so gern! Gut, dass Mama kam, da konnte ich mich bei ihr ankuscheln. Und als ich genug geweint hatte, da konnte ich auch wieder von Max erzählen.

Und wenn ich heute Abend aus meinem Fenster in den Garten gucke, dann sehe ich die Osterglocken und das Kreuz, und dann denke ich an Max.

Diese Erzählung ist bewusst knapp gehalten, um Kindern Raum für das Erzählen eigener Erfahrungen zu geben. Gleichzeitig lädt sie ein, über den Faktor „Zeit" in der Trauer nachzudenken.

Als Oma gestorben war

Das war kurz vor Ostern, als mein Vater eines Abends nach Hause kam und erzählte: „Heute Nachmittag ist Oma ganz friedlich eingeschlafen."

Und dabei guckte er so traurig, dass ich gleich wusste: Die Oma wacht nicht mehr auf, Oma ist gestorben.

Oma, also die Mutter von meinem Papa, war schon länger krank. Sie lebte allein, meinen Opa habe ich gar nicht mehr kennen gelernt. Ich weiß aber viel von ihm, Oma hat mir oft Bilder gezeigt und von ihm erzählt. Überhaupt, ich war oft bei Oma, das war immer sehr schön mit ihr, sie hat viel Zeit für mich gehabt.

An dem Abend habe ich viel geweint. Papa und Mama hatten in den nächsten Tagen viel zu tun. Mama hat einen Mann angerufen, der sich gut auskannte. Er hat Papa und Mama viel geholfen. Ein Sarg wurde ausgesucht, viele Briefe wurden geschrieben. Zum Glück hatte Oma eine Liste gemacht für alle, die eine Nachricht bekommen sollten, wenn sie mal starb.

Am Tag vor der Beerdigung kam auch der Pastor. Ich weiß auch nicht mehr, aber irgendwann ging ich ins Wohnzimmer und fragte: „Wo ist Oma jetzt?"

„Deine Oma ist jetzt bei Gott, da ist sie gut aufgehoben", hat der Pastor gesagt. Komische Sätze sagen die Erwachsenen manchmal!

Am Nachmittag sind wir noch mal zum Friedhof gefahren. Da war Oma in einer Halle in ihrem Sarg aufgebahrt. Sie hatte ihr Lieblingskleid an. Und es sah wirklich aus, als ob sie ganz friedlich schlief. Mama hat mir erklärt, dass Oma in diesem Sarg neben Opa auf dem Friedhof beerdigt wird. Wir haben sie dann noch ein letztes Mal angeschaut und wir haben alle geweint. Wir hatten Oma alle so lieb!

Abends kamen Papa und Mama beide an mein Bett. „Wo ist Oma bloß jetzt?", habe ich wieder gefragt. Irgendwie war mir ja klar, dass sie da in dem Sarg lag, aber irgendwie war sie auch nicht mehr da. Papa und Mama haben sich angeschaut, und dann hat Papa gesagt: „Ich weiß es auch nicht, aber ich glaube, dass Gott größer ist als das, was wir sehen. Und da, wo Oma jetzt ist, mit allem, was wir so lieb haben an ihr, da können wir nicht hin. Aber Gott ist auch da und behütet sie."

Am nächsten Morgen war dann die Beerdigungsfeier in der Trauerhalle vom Friedhof.

Vorn, zwischen großen Kerzenleuchtern stand der Sarg von Oma mit vielen schönen Blumen darauf. Papa und Mama setzten sich zu der Schwester von Papa und ihrer Familie in die erste Reihe. Ich erinnere mich an die Orgel und an das, was der Pastor von Oma erzählt hat. Er hat dann auch wieder gesagt, dass sie bei Gott gut aufgehoben ist. Und er hat von Jesus erzählt. „Jesus ist auch gestorben, aber er ist wieder lebendig geworden, weil Gott allen Menschen zeigen wollte, dass er stärker ist als der Tod. Jesus kennt Gottes Haus,

hat er gesagt, und Jesus war auch in den Räumen, wo die Lebenden nicht hin können, aber Gott ist auch bei den Gestorbenen.“
„Lieber Gott, pass gut auf Oma auf, sie war immer so lieb zu mir“, habe ich da geflüstert, und dann habe ich geweint.
Später sind wir hinter dem Sarg zum Grab gegangen, erst die Familie, und dann alle die anderen, die Oma gut gekannt haben.
Bei dem Grab von Opa war eine große Grube ausgehoben, da passte der Sarg von Oma genau hinein. Nachdem der Pastor einen Segen gesprochen hatte, gingen alle am Grab vorbei und haben etwas Erde oder Blumen auf den Sarg geworfen. Als ich gerade eine Rose hineingeworfen hatte, da geschah es: Über dem Grab saß auf einem Zweig ein Vogel, und der fing auf einmal wunderschön zu singen an.
In dem Moment habe ich ganz fest geglaubt: „Oma, du bist da unten im Sarg, weiß ich ja, weil ich es gesehen habe, aber irgendwie bist du auch bei Gott. So, als wenn er dich selbst zu sich geholt hat, gut aufgehoben eben.“
Nun ist ein Jahr vergangen. Das Grab von Oma ist schön geschmückt und die Vögel singen vom Leben.
Und ich kann an alle schönen Sachen denken, die ich mit Oma gemacht habe.

Diese Erzählung lässt sich aus verschiedenen Blickwinkeln betrachten. Es geht (1.) um das Ergehen des Kindes in der Familie, (2.) um den Ablauf der ersten Tage nach dem Tod eines Angehörigen und (3.) um Erfahrungen, die manchen Kindern verwehrt waren (Besuch der aufgebahrten Oma bis hin zur Präsenz bei der Beerdigung).

Bücher zum Thema in Auswahl:

Bilderbücher

R. Schindler, H. Heyduck-Huth; Pele und das neue Leben, 1997 (9.Aufl.)
M. Kaldhol, W. Oyen; Abschied von Rune; 1999 (12.Aufl.)
A. Fried, J. Gleich; Hat Opa einen Anzug an? 1997
H.C. Solé-Vendrell; Du wirst immer bei mir sein

mit Tieren
S. Varley; Leb wohl, lieber Dachs; 1996
M. Velthujs; Was ist das? fragt der Frosch; 1998
K. Tejima; Schwanenwinter; 1996

Bücher zum Lesen und Vorlesen – auch für Eltern

C. van der Sluis; Mein Vater ist ein Wolkenmann; 1997
T. Lian; Es sind die Wolken, die die Sterne bewegen; 2000

Ratgeber

E. A. Grollman; Mit Kindern über den Tod sprechen; 1998
M. Specht-Tomann, D. Tropper; Wir nehmen jetzt Abschied, 2000
Scheilke, Christoph Th.; F. Schweitzer (Hg.); Religion im Alltag des Kindergartens, Münster; überarbeitete Auflage 2006
A. Moritz; Tod und Sterben Kindern erklärt

Gottes wertvolles Geschenk für uns

Advent und Weihnachten in der Tageseinrichtung gestalten

Einführung

Advent und Weihnachten

Alle Jahre wieder rückt die Advents- und Weihnachtszeit schneller heran als gewünscht, und mit ihr das Unbehagen an der Betriebsamkeit und Kommerzialisierung rund um das Fest.
Verheißen ist uns der Friede auf Erden, und da geht es doch um mehr als um die vorläufige Befriedigung sentimentaler Gefühle. Und doch, die Botschaft von dem Anbruch des Reiches des Friedenskönigs Jesus will inmitten der Welt zu Gehör gebracht werden. Da heißt es: Augen auf für das Weihnachtsgeheimnis!
Wenn ich mich dann auf den Weg mache, alte Feste neu zu feiern, brauche ich zweierlei: Zum einen möchte ich mir Kenntnis verschaffen von der Grundlage der Texte. Zum anderen möchte ich, trotz aller notwendigen Kritik an der Kommerzialisierung, auf die religiösen Fragen, Erwartungen und Hoffnungen eingehen, mit denen Menschen heute auf Weihnachten zugehen.
Und ich entdecke, dass die Fragen der Menschen heute unerwartete, überraschende und die Menschen verändernde Antworten in den Weihnachtstexten der Bibel finden. Die Kindheitsgeschichten bei Lukas und Matthäus sind aus der Rückschau auf Leben, Sterben und Auferweckung Jesu entstanden. Es lohnt sich, unter der kirchen- und brauchtumsgeschichtlichen Patina (Ochs und Esel, C+M+B) die Wurzeln zu entdecken. Sie antworten auf die Frage: Wie können wir Jesus als den auferstandenen Sohn Gottes verstehen?

Lukas verbindet in seiner Geburtsgeschichte zunächst die Orte Nazareth und Bethlehem und tut das geschickt in der Verschränkung mit der Weltgeschichte. Anlass der Wanderung von Josef und der schwangeren Maria ist die angeordnete Steuerzählung des selbst ernannten „Heilandes der Welt" Augustus, Kaiser in Rom und Protagonist einer Pax Romana, die Befriedung mit dem Mittel der Unterwerfung betreibt. Dessen Umkehr wird in Marias Lobgesang beschrieben.

Das Kind Jesus kommt in Bethlehem zur Welt, in einem Futtertrog. In „Brothausen“ wird der geboren, zu dem später die Menschen kommen, um satt zu werden an Leib und Seele. Gottes Sohn, Mensch geboren, als Kind armer Eltern, auf unfreiwilliger Wanderschaft in der Armut eines Stalles.
Ihre Deutung erfährt diese Geburt durch die Verkündigung des Engels an die Hirten und deren Bericht an Maria. Die Hirten werden hier, anders als in der spätrabbinischen Literatur, nicht negativ gesehen, sondern sie sind Träger und Boten der Verheißung. Im Umfeld der Davidstadt Bethlehem ist dies eine deutliche Erinnerung an die Weissagungen über den von Gott gesandten „Hirten Israels“ (Hes 34). Diese Hirten nun hören die Botschaft des Engels: Heute ist euch der Retter, der Erlöser, der Friedenskönig geboren. Es ist der, der da in der Krippe liegt! Und der Lobpreis der Engel sagt: Gott handelt zum Heil seines Volkes, die Geburt des Sohnes der Maria im Stall von Bethlehem verbindet den Frieden auf Erden mit der Herrlichkeit Gottes im Himmel.
Dieses „Wort“ breiten die Hirten aus, „heute“, damals und heute, für alle, die es hören.

Auch Matthäus schafft mit seiner Kindheitsgeschichte deutliche Zusammenhänge zu den Grundaussagen seines Evangeliums. Der Name des Kindes, Jeschua, „Gott/JHWH hilft“, ist Programm: Er wird sein Volk von den Sünden, von der Gottferne, retten. Ein weiterer, seltener Name für den Gottessohn ist ebenfalls von Bedeutung: Emmanuel (1,23), von Matthäus gleich übersetzt mit „Gott mit uns“. Dieser Name bildet über Matthäus 18,20 „Ich bin mitten unter euch“ eine Klammer zum letzten Satz des Mt (28,20): „Ich bin bei euch alle Tage ...“. Hier sind deutliche Anklänge an die Offenbarung Gottes am Sinai gegeben. Ich werde sein, der ich sein werde, der Gott mit euch, so offenbart Gott sich dem Mose.
Die Geschichte von den Magiern oder Weisen aus dem Orient hat Parallelen im Motiv der Gefährdung und Rettung eines herausgehobenen Kindes, wie wir es von Mose her kennen. Dazu gehören auch die Himmelserscheinungen, die die Geburt besonderer Könige ankündigen.
Aber Matthäus, dem es besonders um den Nachweis der Erfüllung der alten Verheißungen des ersten Testamentes geht, komponiert diese Motive nicht zuletzt mit Hilfe des Sternsymbols neu als freies Heilshandeln Gottes.
Die Bileamsweissagung vom aufgehenden Stern aus Jakob klingt an, einschließlich der Verfluchung der Vorfahren des Herodes mit edomitischer Abstammung.
Gott bedient sich der Sterne, seiner Geschöpfe. Und doch sind die weisen Magier an entscheidender Stelle blind: Sie gehen zunächst nach Jerusalem, ins Zentrum der Macht, wie sie dachten. Erst das Wort der Schrift weist sie auf den Weg nach Bethlehem, und nun erblicken sie auch wieder den Stern.

In Jerusalem kommt die Opposition zum Vorschein: Herodes, der unrechtmäßige König und nach dem Zeugnis der Propheten (Hes 34) falsche Hirte, der sein Volk unterdrückt, sieht in dem neu geborenen König Konkurrenz, die es zu vernichten gilt. Er fürchtet sich und mit ihm ganz Jerusalem. Schon hier werden also die Gegner benannt, die Matthäus im ganzen Evangelium beschreibt: der Hof und die Elite in Jerusalem, die Jesus dem Tod ausliefern (Mt 21ff).

Die Worte der Schrift zeigen den Weisen den Weg, können aber Herodes nicht beruhigen: Tatsächlich, in Bethlehem wird der in der Davidstradition stehende Träger der Verheißung, der wahre Hirte und Messias geboren. Die Weisen machen sich auf den Weg, der Stern ist – wieder – ihr Orientierungspunkt. Und sie werfen sich vor dem Neugeborenen nieder, ihre Niederwerfung ist Huldigung und Anerkennung des Messias, des Friedenskönigs. Gottes Traum bewahrt sie vor der Rückkehr nach Jerusalem.

Den Auftakt der Geschichten bildet eine Erzählung zum Gleichnis Jesu vom Weltgericht nach Mt 25. In dieser Erzählung vom „Sohn des Königs“ sind unschwer die Motive des wiederkommenden Christus zu erkennen, so wie sie in der Zeit um St. Martin, aber auch rund um die Nikolaus-Legende thematisiert werden. Diese Geschichte bildet damit die biblische Verankerung der beiden Heiligen. Zum Friedenskönig Jesus gehören, das bedeutet auch, seine Liebe zu den Menschen im Alltag zu leben.

In einer weiteren Geschichte erschließt sich das Weihnachtsgeschehen über die Identifikationsfigur eines kleinen Hirtenjungen. In fünf Abschnitten erzählt, können die Hoffnungen der Kinder mit den Erwartungen Israels auf den König des Friedens in Begegnung gebracht werden: Seine Geburt bringt Licht in die Dunkelheit; sein Friede ist universal und schließt die ganze Schöpfung ein; unter seiner Herrschaft können die Völker sicher wohnen. Die Hirten, Menschen von niederer Bedeutung und ohne Einfluss, wie Kinder sich auch erleben, werden die ersten Zeugen des Anbruchs der neuen Zeit in Bethlehem.

Ideen zur Gestaltung

Meditationstext zu den Adventsbräuchen

In den einzelnen Wochen der Adventszeit können die im Folgenden beschrieben Bräuche eingeführt werden. Am Montag der ersten Adventswoche wird der Adventskranz aufgestellt. Er bleibt als Zentrum, in jeder Woche werden zum Abschluss des Rituals die entsprechenden Strophen des Liedes „Wir sagen euch an den lieben Advent“ gesungen. Zu Beginn der weiteren Adventswochen kommen dann Barbarazweige, eine Krippe und ein kleiner Christbaum dazu.

Jesus Christus, wir warten auf dein Kommen.
Der Adventskranz mit seinen Kerzen ist Zeichen deiner Würde.
Du kommst zu uns als König,
der Friede und Gerechtigkeit bringt.
Du bist das Licht, das unsere Finsternis erhellt.
Und wir hören den Ruf:
Mache dich auf und werde licht, denn dein Licht kommt.

Jesus Christus, wir warten auf dein Kommen.
Zweige stehen in unseren Häusern,
wir hoffen auf ihre Blüte zur Weihnacht.
Wir hoffen auf dich und das neue Leben, das du uns bringst:
Deine Zeichen des Friedens wollen wir entdecken inmitten unserer friedlosen Welt.
Und wir hören den Ruf:
Mache dich auf und werde licht, denn dein Licht kommt.

Jesus Christus, wir warten auf dein Kommen.
Christbäume werden geschmückt mit Kerzen, Kugeln und Sternen;
Zeichen der Freude und Dankbarkeit, dass du uns erlöst.
Der Stern weist uns den Weg zu dir.
Du machst es hell in der Welt, das zeigen uns die Kerzen.
Mit Kugeln aus Glas und Gold sagen wir dir unseren Dank.
Und wir hören den Ruf:
Mache dich auf und werde licht, denn dein Licht kommt.

Jesus Christus, wir warten auf dein Kommen.
Die Krippe, die wir aufstellen, erzählt von deinem Erscheinen bei uns.
Als kleines Kind kommst du, in Armut geboren.
Die kleinen und verachteten Leute haben es zuerst gehört: Der Retter der Welt ist geboren.
Mit den Hirten gehen wir den Weg zum Kind in der Krippe.
Und wir hören den Ruf:
Mache dich auf und werde licht, denn dein Licht kommt.

Eine Krippe gestalten zur Geschichte „Augen für das Weihnachtsgeheimnis"
Aus Tüchern und Naturmaterialien entsteht eine große Landschaft. In dieser Landschaft werden nach und nach Figuren ergänzt, mit deren Hilfe die Geschichte erzählt werden kann. So ist jeder Teil der Geschichte durch drei Elemente gegliedert:

- Erzählung der Adventserwartungen des kleinen Hirtenjungen;
- Gestaltung der Landschaft und Figuren;
- das „Nachspielen der Geschichten" durch die Kinder.

Verknüpft mit einem Bastelnachmittag für Kinder und Eltern kann jedes Kind im Laufe der Adventszeit die Figuren und einen Stall für eine eigene Weihnachtskrippe erstellen und am Heiligen Abend mit nach Hause nehmen.

Zunächst entsteht eine Landschaft aus den Tüchern und Naturmaterialien. Dazu fertigen die Kinder „ihren kleinen Hirtenjungen" und noch einige andere Hirten. Für die Figuren lassen sich je nach Aufwand Holzpuppen oder einfache Holzkegel verwenden.

Aus Filz werden die Umhänge gefertigt und angeklebt, Rohwolle dient als „Haarpracht". Je nach Möglichkeit können diese Figuren weiter ausgestaltet werden.
Der Umhang der Maria entsteht aus einem Filzhalbkreis, der schon vorbereitet sein sollte. Das Jesuskind kann durch ein gewickeltes weißes Filzstück mit einer Holzperle hergestellt werden. Hüte für Josef und auch die Hirten lassen sich aus runden Filzplättchen formen.

Aus grauem oder braunem Tonpapier werden nach Schablonen Schafe ausgeschnitten, gefaltet und mit Rohwolle beklebt. So entsteht die Herde, zu der noch einige wilde Tiere kommen.

Für den Krippenstall brauchen die Kinder Holzbrettchen, ein Quadrat von 15-20 cm Seitenlänge. In die zwei gegenüberliegenden Seiten werden Löcher gebohrt. Aus 30 cm Peddigrohr wird ein Bogen geformt, mit Stoffresten (ca. 30 x 25 cm) bezogen und in die Löcher eingeleimt.

Wenn möglich, findet sich rund um die Landschaft für die Ställe der Kinder ein Platz. Die Begegnung des kleinen Hirtenjungen mit dem neugeborenen Jesuskind können sie dann zur Erzählung mitspielen.

Natürlich können wie auf dem folgenden Bild aufwändigere Figuren hergestellt werden, die dann in einer Krippenlandschaft ihren Ort zum Anschauen und Weiterspielen finden.

Die Weihnachtsgeschichte nach Lukas – mit Kerzen erzählt
(nach einer Idee von Irmgard Tromm/Berlin)

Seit uralten Zeiten hat es Menschen gegeben, die versucht haben, dem Wesen Gottes auf die Spur zu kommen. Die Menschen haben sich danach gesehnt, etwas zu haben, das ihnen hilft, sich Gott vorzustellen. So haben sie von Gott in Bildern gesprochen und damit ihren Glauben ausgedrückt.
So haben sie z. B. gesagt: Gott ist wie ein Licht, das alles hell macht, wo die Finsternis herrscht.
Deshalb haben wir hier eine große Kerze, die ich die Gotteskerze nennen möchte. Sie wird jetzt angezündet und brennt die ganze Zeit.

Lange, weiße, große Kerze, rechte Seite: Gotteskerze.

Meine Geschichte fängt damit an, dass der Kaiser Augustus in Rom eine Idee hatte. Er brauchte Geld und die Leute sollten Steuern zahlen. Dazu mussten im ganzen großen römischen Reich alle Menschen in Steuerlisten eingetragen werden. Augustus dachte, das wäre seine Idee, aber er spürte nicht, dass Gott hinter allem steht, was die Menschen tun und was sie denken.

Große dicke rote Kerze auf hohem Ständer: Augustus; linke Seite wird an der ersten Kerze entzündet.

Augustus herrschte auch über das Land, in dem der neue König des Friedens geboren werden sollte. Er hatte hohe Beamte eingesetzt, die aufpassten, dass auch alles so gemacht wurde, wie es der Kaiser befohlen hatte. Ein solcher Mann war Cyrenius.
Überall ließ er ausrufen: Alle Menschen müssen dahin gehen, wo sie geboren sind. Dort werden sie in Steuerlisten eingetragen.

Kleinere blaue Kerze, wird an der Augustuskerze entzündet

So kam es, dass viele Leute unterwegs waren, um vor den Steuerbeamten zu erscheinen. Auch Maria und Josef mussten auf die Wanderschaft.
Sie wohnten in Nazareth, aber sie mussten nach Bethlehem, weil Josef aus dieser Stadt stammte. Für Maria war die Reise ziemlich beschwerlich, denn sie erwartete ein Kind.

Blau/rote und braune Kerze, an der Gotteskerze entzünden. Die blau/rote Kerze auf einem kleinen Esel o. Ä. befestigen.

Sie waren kaum in Bethlehem angelangt, da kam das Baby zur Welt. Maria und Josef hatten nirgends Platz gefunden in den Herbergen. Sie waren schließlich froh, dass sie wenigstens ein Dach über dem Kopf hatten und gaben sich mit einem Stall zufrieden.

Als ihr Kind zur Welt kam, machte Maria natürlich das, was mit jedem neugeborenen Kind getan wird. Sie nahm die Windeln, die sie mitgebracht hatte und wickelte ihr Baby darin ein.

Und weil in dem Stall kein Kinderbett war, legte Maria das Baby in eine Futterkrippe, in der etwas weiches Heu war. So war also das Christuskind, Jesus, der König des Friedens geboren. Gottes Licht war auf die Welt gekommen.

Eine Jesuskerze an der Gotteskerze entzünden und vor Maria und Josef stellen.

Jetzt konnten die Menschen etwas von Gott sehen. Wer das Christuskind anschaut, wer auf Jesus sieht, sieht auch Gott.

Lied

Zur gleichen Zeit waren außerhalb der Stadt Hirten bei ihrer Arbeit. Sie passten auf die Schafe ihrer Herren auf. Zur Nacht hatten sie die Tiere zusammengetrieben, damit sie in der Dunkelheit besser auf sie Acht geben konnten. Einer hielt Wache, die anderen schliefen. So wechselten sie sich ab.

Drei bis vier niedrige, braune Kerzen – Hirten – auf der anderen Seite aufstellen.

Sterne

Aber plötzlich passierte etwas, was die Hirten noch nie erlebt hatten.

Mitten in der Nacht wurde es ganz hell. Der wachende Hirte weckte die andern, als er sicher war, dass es kein Traum war. Zuerst glaubten sie, der neue Tag bricht an, – dann dachten sie, es brennt vielleicht etwas – und weil sie sich gar nicht erklären konnten, warum es so hell war, bekamen die Männer große Angst.

Große, dünne, weiße Kerze – Engel – an der Gotteskerze entzünden und zu den Hirten stellen.

Dann hörten sie eine laute Stimme. Ein Engel sprach zu ihnen: „Fürchtet euch nicht, habt keine Angst, ihr könnt euch freuen. Heute ist nämlich ein Kind geboren, das die Welt heil machen wird. Gott selbst hat es zu den Menschen geschickt. Mit diesem Kind kommt der Friede Gottes vom Himmel auf die Erde."

Die Hirten konnten nur schwer begreifen. Ein Kind wird die Welt heil machen? Dass ein Kind mit dem Friedensreich Gottes etwas zu tun haben sollte, das war alles sehr verwirrend.

Aber was sie dann hörten, war ganz leicht zu verstehen.
„Ihr werdet ein Kind finden, ein Neugeborenes, es ist in Windeln gewickelt und liegt in einer Futterkrippe."
Und dann war der Himmel voller Gesang, viele Engel waren da, und die gute Botschaft ging von einem zum anderen, und man hörte überall und von allen Seiten: „Ehre sei Gott im Himmel und Friede auf Erden bei den Menschen seines Wohlgefallens."

Weitere kleine Kerzen oder Teelichte an der Engelskerze anzünden und links und rechts der Kerze aufstellen.

Lied

Und dann waren die Engel wieder verschwunden.
Die Hirten waren sehr verwundert, aber sie hatten genau behalten, was der Bote Gottes ihnen gesagt hatte. Und sofort brachen sie nach Bethlehem auf. Sie wollten das neugeborene Kind in der Krippe finden.

Engelskerzen auf die andere Seite zur Gotteskerze stellen.

In großer Eile liefen die Hirten nach Bethlehem. Und dort fanden sie Maria und Josef und das neugeborene Kind in der Krippe. Da wurde es vor lauter Freude ganz hell in ihrem Herzen.
Und sie erzählten, was der Engel von diesem Kind erzählt hatte. Maria, die Mutter von Jesus, hielt die Worte der Hirten ganz fest in ihrem Herzen.

Die Hirtenkerzen zur Jesuskerze bewegen, an der Jesuskerze entzünden und dazu stellen.

Als die Hirten das Jesuskind gefunden und angeschaut hatten, wollten sie ihre große Freude nicht für sich behalten. Allen Menschen, die sie trafen, erzählten sie es weiter: Der Friedenskönig, der Retter der Welt ist geboren!

Hirtenkerzen nach vorn stellen.

Und die Menschen, die sonst nicht viel von den Hirten hielten, hörten ihnen zu und wunderten sich über ihre Erzählungen. Viele freuten sich über die Worte der Hirten, und es fing auch bei ihnen an, hell zu werden.

Weitere Teelichte dazustellen.

Und so ist das Licht von der Krippe bis heute unterwegs, bis zu uns, und es macht die Menschen hell und fröhlich, die daran glauben.

Beim anschließenden Lied können alle Kinder und Erwachsenen eine Kerze an der Jesuskerze anzünden.

Lied

Alle Menschen groß und klein

Text: U. Walter; Musik: M. Nagel

2. Alle Menschen, groß und klein, haben einen schönen Traum.
Mitten in der dunklen Nacht blüht die Friedensblume auf;
|: und aus ihrem Blütenkelch strömt ein wunderbarer Duft. :|

3. Alle Menschen, groß und klein, haben einen schönen Traum.
Mitten in der dunklen Nacht schlägt die Friedensglocke an;
|: und ihr Klang läuft um die Welt, dringt tief in der Menschen Ohr. :|

2. Alle Menschen, groß und klein, haben einen schönen Traum.
Mitten in der dunklen Nacht hält der Friedenskönig Hof;
|: dort, im Stall von Bethlehem, Jesus Christ geboren ist. :|

Kennt ihr den Ort

Text: U. Walter; Musik: M. Nagel

2. Kennt ihr die Zeit, wenn Himmel und Erde sich berühren?
Ist lang her, und doch so nah:
Zu Weihnachten in jedem Jahr wird unser Traum vom Leben wahr,
zu Weihnachten in jedem Jahr wird unser Traum vom Leben wahr.
Ist lang her und doch so nah!

3. Kennt ihr das Kind, das Himmel und Erde sich erhoffen?
Jesus Christ, Retter der Welt,
Marias Sohn das Zeichen ist, dass Gott uns Menschen nicht vergisst.
Marias Sohn das Zeichen ist, dass Gott uns Menschen nicht vergisst.
Jesus Christ, Retter der Welt!

Geschichten

Der Sohn des Königs

Der König eines großen Landes war alt geworden. Nun sollte sein einziger Sohn die Herrschaft über sein Reich erben. Ob er das gut machen wird? Der alte König war stets gütig zu den Menschen seines Landes und er wollte, dass auch die Menschen gütig zueinander sind. Die Armen sollten genug haben für ein Leben in Würde, die Kranken versorgt sein, die Gefangenen anständig behandelt werden und selbst die Fremden sollten mit Gastfreundschaft rechnen dürfen. Es war schließlich für alle genug da, dafür hatte der König gesorgt. Und er hatte eine Idee: Er schickte seinen Sohn auf eine Reise durch das ganze Land und er verkleidete ihn dazu als einen armen Menschen. Wie wird es ihm wohl ergehen?

Der Sohn des Königs zog los. Vor dem Tor einer großen Stadt setzte er sich an einen Brunnen. Er hatte Durst, aber er musste lange warten, bis eine Frau ihm einen Krug mit Wasser zum Trinken reichte. Am Abend wurde es kalt und er fror. Fast wollte er schon wieder zurückkehren zum Schloss, da kam ein Bauer vom Feld. Er sah den Königssohn vor dem Tor sitzen, abgerissen und hungrig. „Fremder, die Nacht wird zu kalt, um hier draußen zu schlafen. Komm mit mir, mein Haus ist groß genug, übernachte bei mir, genug zu essen ist allemal da." Da war der Königssohn froh, denn er hatte schon geglaubt, die Menschen würden verächtlich an ihm vorübergehen.

Am nächsten Morgen machte er sich gestärkt wieder auf den Weg. Und er gelangte in eine andere Stadt. Vor einem Hospital traf er eine junge Frau. Diese sah, dass seine Füße wund waren vom langen Wandern. Außerdem fror er erbärmlich; es war Herbst geworden und seine Kleider waren dünn und zerrissen. So nahm die Frau ihn mit, wusch und verband ihm die Wunden. Dabei erzählte sie ihm ihr Leid:

„So viele kranke Menschen gibt es hier, doch keiner kümmert sich um sie. Ich brauche Hilfe, aber die meisten Menschen hier haben ein Herz aus Stein und denken nur an ihr Geld. Nur wenige wissen, wem sie ihren Reichtum zu verdanken haben. Gut, dass meine Schwester mir hilft! "

Bevor sie sich verabschiedeten, gab sie ihm einen Rat. Sie schickte ihn zu einem vornehmen Herren, der hatte ein gutes Herz und schenkte ihm einen neuen, warmen Mantel.

Nun musste er nicht mehr frieren und er wollte gerade fröhlich weiterziehen, aber da geschah es: Auf dem Markt wurde der Königssohn gefangen genommen. Er wurde verdächtigt, einen reichen Kaufmann bestohlen zu haben. Keiner glaubte seiner Geschichte, denn es kannte ihn niemand in der Stadt. Die Wache sperrte ihn in den Turm. Nur die Schwester der Frau, die ihm die Wunde verbunden hatte, wusste, wo er war. Sie hatte gesehen, wie er gefangen

genommen wurde. Sie besuchte ihn und brachte ihm etwas zu essen.
Auf dem Schloss wartete der alte König auf die Rückkehr seines Sohnes. Er machte sich Sorgen. Nach einigen Wochen schickte er seine Herolde aus, um ihn zu suchen. Sie suchten in allen Städten, und so kamen sie schließlich auch in die Stadt, in der er gefangen lag. Sie fragten überall, und so kam es, dass sie von der Frau im Hospital vom Schicksal des Königssohnes erfuhren. Und es geschah, dass er wieder frei gelassen wurde.
Im nächsten Sommer war es dann soweit: Der Prinz wurde zum König gekrönt. Zum Zeichen der Dankbarkeit feierte er ein großes Fest. Es sollte ein besonderes Fest werden, und darum suchte er seine Gäste selbst aus. Als diese nun geholt wurden von seinen Boten, waren sie alle sehr verwundert und sprachen: „Warum gerade ich?"
Da trat der König vor seine Gäste, erhob sein Glas und sprach:
„Seid willkommen an meiner Festtafel.
Ich war hungrig, und ihr habt euer Brot mit mir geteilt.
Ich war durstig, und ihr habt meinen Durst gestillt.
Ich war nackt, und ihr habt mich bekleidet.
Ich war krank und gefangen, und ihr habt mich besucht.
Ich war fremd, und ihr gabt mir ein Dach über dem Kopf"
Wieder schauten sich die Gäste ratlos an: „Wann haben wir dich hungrig und durstig, nackt und krank, gefangen oder fremd gesehen?" Da antwortete der Königssohn: „Ich wollte als ein Armer unter euch wohnen. Ich habe euch besucht und es ist mir schlecht ergangen. Ich war mitten unter euch, ihr aber habt mich nicht erkannt. Und doch, ihr habt euch um mich gekümmert, ganz selbstverständlich, und ihr habt getan, was notwendig war.
Und wenn ihr nun zurückkehrt, dann denkt daran, was immer ihr einem dieser meiner armen Geschwister tut, das tut ihr mir."
(nach Mt 25,40)

Augen für das Weihnachtsgeheimnis
Ein neuer Stern
Keiner weiß mehr genau, was damals geschah, als Jesus geboren wurde. Wir kennen alle viele Geschichten. Sie sind erzählt worden, um das Geheimnis deutlich zu machen: Gott kommt den Menschen ganz nah, ja, er wird ein Mensch, wie du und ich.
Benjamin heißt der kleine Hirtenjunge, von dem wir euch heute erzählen wollen. Er lebte zu der Zeit, als Herodes König von Jerusalem war. Benjamin kommt aus Bethlehem, einer kleinen Stadt in der Nähe von Jerusalem. Er ist Hirtenjunge draußen vor der Stadt bei den Schafherden.
Erst zwölf Jahre ist er alt und muss doch schon hart arbeiten. Seine Mutter ist bei seiner Geburt gestorben. Sein Vater ist alt und lebt bei seinem Bruder. Es

ist nicht genug Geld für alle da. So ist Benjamin zu den Hirten gekommen, um bei ihnen zu lernen.
Die anderen, das sind sein Freund Ruben, Markus, Samuel, der alte Micha, Jakob und Jotam. Doch sie warten auf Samuel und Ruben. Sie sind noch unterwegs, sie suchen noch immer eines der Schafe, das sich verirrt hat. Mittlerweile ist es schon dunkel geworden und das Feuer brennt. Das Feuer wärmt die Hirten in der kalten Nacht. Und es hält die wilden Tiere fern.
Es ist kalt. Benjamin rückt näher ans Feuer und kauert sich neben den alten Micha unter das Fell. Keiner soll merken, dass er nachts Angst hat.
Micha ist der älteste unter den Hirten. Er kocht das Essen und versorgt das Feuer. Und am Abend erzählt er Geschichten, darauf freut sich Benjamin schon. Micha hat nämlich ein Geheimnis. Benjamin hat ihn schon oft dabei beobachtet, wie er aus einem kleinen Fläschchen etwas Wasser auf die Hand gegossen hat. Und dann hat er es sich auf die Augen gerieben. Warum? Das wusste er nicht, aber er wollte Micha danach fragen. „Wozu machst du das, Micha?“ – „Ach, das verstehst du noch nicht. Das ist mein Geheimnis. Ich brauche das für meine Geschichten vom Friedenskönig.“
Markus wird ärgerlich: „Als ob wir sonst keine Sorgen haben! Samuel und Ruben sind allein in der dunklen Nacht unterwegs und suchen das kleine Schaf. Und dir fällt nichts Besseres ein, als uns wieder von deinem Friedenskönig zu erzählen! Ich mache mir langsam Sorgen. Wo sie nur bleiben? Ich gehe noch ein bisschen herum. Jakob, komm und begleite mich!“ Die beiden verschwinden in der Dunkelheit.
Micha reibt sich die Augen und fasst Benjamin an den Schultern. Sie schauen in den dunklen Nachthimmel. „Siehst du den Stern dort?“ Benjamin schaut in den Himmel, dorthin, wo der Alte sein Hand hinstreckt. „Das sind ja unzählig viele Sterne, und wie sie funkeln in dieser Nacht!“ Micha ist plötzlich ganz aufgeregt: „Da. Schau, solch einen hellen Stern habe ich noch nicht gesehen, so hell strahlen die Sterne nur, wenn ein wirklicher König geboren wird!“
Das versteht Benjamin nicht. „Ein wirklicher König? Ist denn Herodes in Jerusalem kein richtiger König?“ Micha schüttelt den Kopf und seufzt: „Ach, Benjamin, ist das ein guter König, der im Reichtum lebt, während das Volk arm ist?“ Benjamin ist hellwach. „Und wenn jetzt auch so ein wirklicher König geboren wird, einer, den Gott erwählt hat?“
Micha reibt sich die Augen und beginnt zu erzählen: „Gott möchte Frieden und Gerechtigkeit in der Welt, und darum fängt er bei den kleinen Leuten, bei uns, an. Der große Prophet Jesaja hat es vor langer Zeit gesagt *(Jes 9,1.5f)*. Das Volk, das im Finstern wohnt, sieht ein großes Licht, und über denen, die da wohnen im finstern Lande scheint es hell. Ein Kind wird uns geboren, ein Sohn ist uns gegeben und die Herrschaft des Friedens liegt auf seiner Schulter.“

Von der Hoffnung auf den König des Friedens

Micha nimmt Benjamin in den Arm und sie schauen gemeinsam in den Himmel. „Weißt du, Benjamin, ich bin schon alt, aber ich warte immer noch darauf, dass der Messias, der Friedenskönig, geboren wird. Er ist von Gott ausgewählt. Dieser König braucht nicht nur Mut, er muss ein großes Herz haben für all das Leid in der Welt. Und viel Liebe braucht er für alle Menschen. Damit auch die Armen in Frieden leben können."

Micha holt das kleine Fläschchen wieder hervor. „Komm, Benjamin, ich werde mein Geheimnis mit dir teilen!" Er öffnet das Fläschchen, benetzt seine beiden Zeigefinger mit ein wenig Wasser und streicht sie vorsichtig über Benjamins Augen. Benjamin blinzelt vorsichtig in den Himmel, und er was er nun sieht, ist einfach wunderbar: „Was ist das, gerade war der Himmel noch dunkel und grau, und jetzt leuchtet alles in den schönsten Farben. Welch ein Licht! Welch eine Farbenpracht! Micha, guck mal, der grüne Strahl, er leuchtet direkt auf uns hinab!" Micha nickt: „Siehst du, das ist mein Geheimnis: Mag die Welt auch noch so dunkel erscheinen, Gott hat die Menschen nicht vergessen! Wenn das kein Hoffnungszeichen ist!" „Es ist, als ob ich es mit Händen greifen kann!" Benjamin macht eine schnelle Handbewegung in das Licht und hält ein grünes Band in der Hand, das er geschickt aus der Tasche seines Gewandes oder aus dem Ärmel zieht: „Ich nehme diesen Strahl dafür, dass kein Mensch mehr hungern soll auf der Erde! Aber da ist ja noch mehr." Wieder greift er in das Licht und hält ein rotes Band in der Hand. „Und dieser Strahl soll uns das Zeichen sein: Kein Mensch und kein Tier auf der Erde soll Durst leiden!"

Nun kommen endlich Markus und Jakob zurück. Sie haben einen Fremden mitgebracht. „Schaut mal, wen wir mitgebracht haben!" Der Fremde bittet: „Habt ihr für mich einen Platz am Feuer für die Nacht? Mein Mantel ist zerschlissen und ich friere ganz fürchterlich." Micha streckt ihm die Hand entgegen und der Fremde hockt sich neben das Feuer.

Er erzählt, was es an Neuigkeiten aus Bethlehem gibt. Markus ist aufgestanden und hat in einem Korb Brot für ihn geholt, da fällt ihm etwas ein. „Ich glaube, ich muss morgen mal wieder zu meinem Vater, ich habe ihm Käse und Milch versprochen. Er wartet bestimmt schon auf mich."

Benjamin steht. Er hält die grünen und roten Strahlenbänder in der Hand und reicht sie Markus. „Nimm diese Bänder, Markus, sie sind ein Zeichen des Himmels, bringe sie deinem Vater mit. Sage ihm, Gott möchte nicht, dass Menschen Hunger und Durst erleiden. Und dann bringe ihm auch noch Brot zu deinem Käse und der Milch."

Benjamin legt sich an die Seite von Micha: „ Wo Samuel nur bleibt!" Bald ist er eingeschlafen und träumt, wie alles besser wäre in der Welt, wenn der König gekommen ist, den Gott ausgewählt hat. Dann müssen die Menschen nicht mehr hungern, dann würden sie sich vertragen und nicht mehr so viel streiten. Dann könnte auch Benjamin wieder bei seiner Familie sein und endlich wäre richtiger Friede!

Markus und die anderen haben es sich gerade am Feuer bequem gemacht, da kommt Samuel mit Ruben aus dem Dunkel. Auf seinem Rücken trägt er ein Schaf: „Ich habe es wieder! Stellt euch vor, es war so weit weg, wie wir noch nie mit der Herde waren. Es ist herumgeirrt und hat sich an einer Dornenhecke verletzt. Es blökte nach seiner Mutter, da haben wir es gehört und konnten es befreien." Jotam ist aufgestanden: „Sieh nur, das Schaf blutet am Vorderfuß. Ich hole Stoffstreifen und eine Schüssel mit sauberem Wasser. Micha, kannst du das Schaf halten, ich reinige die Wunde. Gib mir auch dein Messer, damit ich die Dornen entfernen kann."

Auch Benjamin ist wieder wach. Er geht zu Micha, sagt ihm etwas ins Ohr, nimmt das Fläschchen und geht zu Ruben. „Ruben, Micha hat mir sein Geheimnis anvertraut, und dir darf ich es weitersagen!" Vorsichtig öffnet Benjamin die kleine Flasche und lässt einige Tropfen auf Rubens Hand fließen. Schnell macht er sie wieder zu. „Ruben, du musst dir das Wasser auf die Augen wischen! Und nun schau zum Himmel"

Ruben staunt: „Was ist das? Ist das schön, ich sehe viele bunte Farben, der ganze Himmel erstrahlt. Und da, das Gelb leuchtet ganz besonders hell. Ob ich es greifen kann? Das ist ein schönes Geheimnis, das dir Micha da gezeigt hat!" Er macht eine rasche Bewegung und in den Händen hält er ein gelbes Band. „Aber Benjamin, schau nur, was mag das nur bedeuten? Jetzt leuchtet der Stern ganz violett." Wieder macht er kreisende Bewegung mit dem Arm und in den Händen hält er ein violettes Band. „Das erinnert mich an eine Geschichte von Micha: Wenn der Friedenskönig gekommen ist, dann wird Frieden sein zwischen Tieren und Menschen:

'Aus dem Stamm der Familie Davids und seines Vaters Isai wird ein Keimling aufgehen, ein kleiner Zweig wird wachsen und eine Blüte entfalten. Ein neuer Friedenskönig wird geboren, von Gott gesandt. Er tritt mächtig auf für das Recht der Armen. Ihnen wird Gerechtigkeit widerfahren, damit sie in Frieden und Würde leben können. Und Frieden wird sein zwischen Menschen und Tieren, Wölfe und Lämmer, Panther und Böcke, kleine Kinder und junge Löwen werden gemeinsam auf den weiden sein und miteinander spielen, und es wird ihnen kein Leid geschehen.'"

Micha und Samuel kehren ans Feuer zurück. Sie haben das Schaf versorgt. Es liegt zufrieden im Arm von Samuel. Ruben geht zu dem Schaf und bindet ihm das violette Band um.

„Dieses Band sollst du haben, es ist ein Zeichen des Himmels: Gott will, dass die Menschen füreinander da sind und dass Menschen und Tiere in Frieden leben können." Samuel wiegt seinen Kopf. „Na, was das wieder soll! Aber wer

weiß schon, was ihm gut tut. Du hast mir geholfen, es zu finden, das ist gut." Der Fremde steht auf. Er bedankt sich die Gastfreundschaft. „Und danke, Markus, dass du mir dein Fell geschenkt hast. Nun bin ich besser vor der Kälte geschützt." Ruben legt ihm sein gelbes Band um den Hals. „Nimm dieses gelbe Band von mir und verwahre es gut. Es ist ein Hoffnungszeichen: Gott möchte, dass kein Mensch mehr frieren muss. Die Zeit der Schande ist vorbei. Alle Menschen werden in Würde leben." Der Fremde geht in die Dunkelheit hinaus.
Samuel reckt sich: „So, eine kleine Pause habe ich mir nun verdient. Benjamin, heute ist ein besonderer Tag, das wollen wir feiern. Geh du heute Nachmittag nach Bethlehem und hole uns Wein!" Micha schaut Benjamin an: „Lass uns zusammen gehen. Ich wollte schon immer den Wirt vom Goldenen Lamm mal wieder treffen, das trifft sich gut, und du brauchst nicht allein gehen."
Markus klatscht in die Hände: „Nun wird aber geschlafen!" Alle legen sich zur Ruhe, nur Markus bleibt wach, er hat die erste Wache übernommen.

Micha und Benjamin in Bethlehem

Am nächsten Abend machen sich Micha und Benjamin auf den Weg nach Bethlehem. „Ich weiß gar nicht, wie lange ich schon nicht mehr beim Wirt vom Goldenen Lamm war. Er hatte immer den besten Wein in Bethlehem." „Ich wusste gar nicht, dass du auch aus Bethlehem kommst." Benjamin fragt Micha, und der erzählt: „Ja, aber das ist schon lange her. Damals hatte mein Vater noch eine Herde. Bis dann das Unglück über meine Familie hereinbrach. Eines Abends brannte unser Haus. Wir konnten nichts mehr retten. Und als mein Vater bald darauf starb, musste ich arbeiten gehen, um die Familie zu versorgen. Da wurde ich ein Hirtenjunge wie du. Ich besitze nur noch einen alten Stall. Aber der ist bestimmt längst verfallen und zu nichts mehr nütze. Aber schau! Die ersten Sterne sind zu sehen." Er zeigt über die Stadt: „Und der da leuchtet ganz besonders hell."
Sie setzen sich auf einen Stein am Rande des Weges. Benjamin schaut Micha an: „Du, hast du deine kleine Geheimnisflasche mit? Ich würde so gern noch mal in den Himmel schauen!" „Also gut, probier es noch einmal!" Der Alte reicht Benjamin das Fläschchen mit dem Quellwasser. Benjamin benetzt einige Finger der rechten Hand mit ein wenig Wasser, streicht sich vorsichtig über die Augen und blinzelt in den Himmel. „Micha, schau nur, dieses Blau! Der ganze Himmel leuchtet wie ein großes Zelt!"
Micha lacht und steht auf: „Jetzt muss ich dir glauben, was du sagst, im Moment sehe ich keine blauen Strahlen." Benjamin springt auf und greift nach einem blauen Lichtband und legt es sich um die Schulter. „Aber jetzt kannst du es sehen. Alle sollen es sehen: Gott schenkt uns diesen blauen Strahl. Alle Menschen sollen ein Dach über dem Kopf haben!" Gemeinsam gehen sie zum Stadttor.

„Woher nur die vielen Menschen kommen?" Benjamin schaut mich an. Ein Wächter vor dem Tor hat ihn gehört: „Ja, seid ihr etwa die einzigen, die es noch nicht wissen? Der Kaiser in Rom, wie heißt er doch gleich, Augustus heißt er, der hat eine Volkszählung beschlossen. Und darum müssen alle Männer in die Stadt gehen, in der sie geboren sind. Ihr könnt euch vorstellen, was hier los ist! Von weit her kommen sie angereist. Aber geht nur weiter, da kommen schon die nächsten."

Als Micha und Benjamin durch das Tor gehen, sehen sie ein junges Paar. Die Frau klagt: „Hoffentlich sind wir bald da. Ich kann kaum noch gehen."

Benjamin hört, was der Mann zum Wächter sagt: „Ich bin Josef aus Nazareth, meine Familie stammt aus Bethlehem, und das ist Maria, meine Frau. Könnt ihr uns sagen, wo wir unterkommen können? Meine Frau hat Wehen, sie erwartet ihr erstes Kind." Doch der Wächter schüttelt nur den Kopf: „Da müsst ihr schon selber suchen, ich weiß beim besten Willen nichts für euch. Mein Haus ist auch schon voll bis unters Dach."

Traurig gehen die beiden weiter in die Stadt hinein. Micha und Benjamin sind mittlerweile beim Goldenen Lamm angelangt. Der Wirt bringt ihnen ihren Krug mit Wein. Sie bezahlen und wollen gerade wieder gehen, als das junge Paar in die Tür tritt. Sie sprechen mit dem Wirt. „Hab doch ein Herz mit uns. Meine Frau bekommt ein Kind, vielleicht schon diese Nacht. Bitte, nimm uns doch auf!" Aber auch der Wirt schüttelt nur den Kopf. „Gute Frau, du siehst selbst, wie voll es hier ist. Ich kann mir doch kein Bett aus den Rippen schneiden! Für heute seid ihr zu spät!" Traurig gehen die beiden weiter. Auch Benjamin geht langsam mit Micha durch das Tor aus der Stadt hinaus. „Wo sollen sie nur bleiben, wenn selbst im Goldenen Lamm alles überfüllt ist? Wenn wir ihnen doch helfen könnten!" Plötzlich bleibt Micha stehen. „Der alte Stall! Ich habe dir doch vorhin davon erzählt! Das wäre doch was für sie!"

Benjamin zögert nicht lange. Sie stellen den Weinkrug in einem Versteck ab und kehren in die Stadt zurück. „Ob wir sie finden?" „Ja, dort hinten, da gehen sie! Kommt, wir haben eine Unterkunft für euch!"

Und als sie bei dem Paar angekommen sind, bietet Micha ihnen seinen alten Stall an: „Kommt mit, es ist nicht weit von hier!" Sie gehen ein Stück des Weges aus der Stadt hinaus. Micha zeigt nach vorn: „Dort ist er schon, das einzige, was ich besitze, nehmt ihn, bitte!" Benjamin ist schon vorgelaufen und sieht sich den alten Stall an. Die Tür quietscht, als er sie öffnet. Licht scheint durch die Ritzen, und durch das Fenster kann Benjamin den Stern sehen. „Da ist er wieder, unser Stern." Micha lädt die beiden ein: „Kommt nur herein, viel kann ich euch nicht bieten: ein paar Balken, die können Stuhl und Tisch sein, eine Futterkrippe und Stroh, auf dem ihr schlafen könnt." „Für uns ist es viel", sagt Maria. „Es ist alles, was ihr besitzt. Wir haben ein Dach über dem Kopf und

Stroh, um uns zu wärmen. Danke!“ Sie drückt dem Alten die Hand. „Ich bin Zimmermann, ich werde das Nötigste wieder in Ordnung bringen“, sagt Josef. Sie setzen sich auf einen Balken und laden Micha und Benjamin zum Essen ein, doch die wehren ab. „Es ist höchste Zeit, dass wir zurückgehen. Bestimmt sorgen sich die anderen schon um uns.“ Benjamin geht noch einmal zu den beiden: „Nehmt mein blaues Lichtband. Es ist ein Zeichen von Gott. Keiner soll ohne ein Dach über dem Kopf sein.“

Die Engel bringen den Hirten die gute Nachricht

Nachdem Benjamin und Micha den Weinkrug aus dem Versteck geholt haben, kehren sie zur Herde zurück. Sie setzen sich zu den anderen an das Feuer und erzählen, was sie in Bethlehem erlebt haben. Welch eine Nacht! Doch erst einmal stoßen sie auf Samuel und das wiedergefundene Schaf an.

Dann wird es still. Alle haben sich um das Feuer zum Schlafen ausgestreckt. Nur Micha sitzt noch und schaut in die Glut, er hat die erste Nachtwache übernommen.

Nach einer Weile springt Micha auf. Irgendetwas stimmt nicht. Die Herde ist unruhig, die Hunde bellen. Sie fürchten sich. Samuel ist aufgewacht und greift nach seinem Stock: „Schnell zur Herde, nicht auszudenken, was passiert, wenn die Tiere mitten in der Nacht ausbrechen!“

Benjamin kriecht unter seiner Decke hervor. „Dort, seht dort!“

Alle starren zum Himmel. Und plötzlich ist um sie herum ein Glänzen, als wäre es heller Tag. Der alte Micha versteckt seinen Kopf hinter dem Hut. Samuel packt Benjamin vor seinen Bauch und kauert sich auf den Boden, auch Markus wirft sich hin. Voller Furcht sehen sie auf eine glänzende Gestalt.

Ein Engel spricht zu ihnen: „Fürchtet euch nicht! Habt keine Angst!“ Langsam schauen die Hirten auf. Sie hören, was der Bote Gottes ihnen sagt: „Ich habe gute Nachricht für euch, alle Menschen werden sich darüber freuen. Heute wurde in Bethlehem der geboren, der euch alle retten wird: der Friedenskönig, den Gott für euch ausgewählt hat!“

Benjamin denkt: „In Bethlehem, da, wo wir gerade noch waren?“

„Geht hin und seht selber nach. Ihr werdet das Kind finden, in Windeln gewickelt und in einer Futterkrippe liegen. Dieses Kind ist Gottes Sohn. Er hat ihn zu euch geschickt, er wird euch retten. Nun wird alles Leid ein Ende haben.“ Und in einem hellen Licht erklingen viele Stimmen: „Ehre sei Gott im Himmel! Er schenkt allen Menschen auf Erden Frieden.“

Und dann ist es wieder dunkel auf den Feldern vor Bethlehem.

„Ehre sei Gott im Himmel“, stammelt Micha und Benjamin schaut ihn an: „Der Stern, dein Königsstern! Alles ist so gekommen, wie du es uns immer erzählt hast! Wir haben ein Zeichen Gottes gesehen! Micha, dein Geheimnis, die Pracht der Farben, jetzt wissen wir, was es bedeutet!“ Micha legt seinen

Arm um Benjamins Schulter. „Hat er wirklich gesagt, dass das Kind in einer Futterkrippe liegt? In meinem Stall steht doch eine Futterkrippe! Und die junge Frau, erwartete sie nicht ein Kind?" Er ist ganz aufgeregt: „In meinem Stall wurde der Friedenskönig, der Retter der Erde geboren?"
Ruben zeigt in die Richtung des Stalles. „Ja, schaut nur, dort hinten steht der Stern! Lasst uns hingehen!" Samuel ist einverstanden: „Ja, wir ziehen mit der ganzen Herde zu dem Kind in der Krippe! Alle Hirten sollen mitgehen, um zu sehen, was der Engel ihnen verkündet hat." Ruben fragt: „Aber was nehmen wir dem Kind mit?"
Samuel will einen Laib Brot mitnehmen, bestimmt haben sie Hunger. Und Markus legt ein Stück Käse von den Schafen und ein wenig Milch in einem Krug dazu. Micha kramt in seiner Tasche und zieht ein kleines Holzschaf hervor. Das soll das erste Spielzeug des Kindes sein.
Da fragt Benjamin Ruben: „Und was sollen wir dem neugeborenen König mitbringen? Nicht einmal ein Fell oder etwas Wolle können wir dem Kind schenken. Hätten wir doch unsere Farbstrahlen behalten! Wenigstens die hätten wir dem Kind schenken können. Grüne und rote Strahlen, damit es nicht Hunger und Durst leiden muss. Gelb und Violett, damit es gesund und behütet aufwächst und immer Kleidung und Schutz gegen Kälte da ist. Und nicht zuletzt der blaue Strahl, damit es eine Heimat hat auf der Erde."
Micha tröstet die beiden: „Sei nicht traurig, Benjamin, du hast dem Kind schon sehr viel geholfen. Bringe ihm deine Kerze mit. Das Licht wird den Stall erleuchten und ein wenig Wärme spenden."

Die Hirten finden das Kind im Stall

Gemeinsam ziehen sie los. Es dauert einige Zeit, bis sie am Stall angekommen sind, über dem der Stern noch immer so hell leuchtet.
„Ob wir jetzt stören können?", fragt Samuel. „Seht nur, es brennt noch Licht!", ruft Benjamin ungeduldig, und er schiebt Micha vor. „Du musst klopfen!" Schon bald öffnet Josef die Tür. „Ihr seid es", freut er sich, als er Micha und Benjamin erkennt, „und eure Freunde habt ihr mitgebracht."
„Wir wollen das Kind begrüßen und ihm unsere guten Wünsche sagen", sagt Benjamin. „Dann wisst ihr es schon? Wir sind so glücklich! Kommt nur herein! Maria, sieh nur, wir haben Besuch. Es wissen schon viele, dass Jesus geboren ist." Ganz verlegen treten die Hirten ein. So viel Unerwartetes ist in dieser Nacht geschehen. Sie fragen sich, warum ausgerechnet sie in dieses Ereignis hineingeraten sind.
Maria nimmt das Kind aus der Krippe und hält es in ihren Armen. Benjamin geht mit seiner Kerze zum Kind, und das Licht erhellt sein kleines Gesicht. Ganz nah will er dem Kind sein. Maria stellt seine Kerze auf die Krippe und dankt für das schöne Geschenk. „Jetzt leuchtet deine Kerze für unseren klei-

nen Jesus. Sein Name bedeutet: Gott hilft." „Die Engel haben uns geschickt", sagt Benjamin leise. „Der Friedenskönig, den Gott für die Menschen ausgesucht hat, ist geboren", flüstert Micha und stellt sein Holzschaf zu der Kerze. Markus und Samuel geben Josef das Brot, den Käse und die Milch. Dann legt Maria dem alten Micha das Kind in den Arm. Er schaut es lange an und sagt: „Es ist so, wie es die Engel gesagt haben. In Bethlehem ist der Friedenskönig geboren, er wird uns alle retten. Schau, Jesus, das ist Benjamin, er ist Hirtenjunge, genau wie der König David vor langer Zeit. Er kam auch aus Bethlehem. Und nun sind wir Hirten die ersten, die Jesus, den neuen Friedenskönig, begrüßen dürfen." Micha wiegt das Kind in seinen Armen und dankt Gott, dass Maria und das Kind wohlauf sind.
Benjamin muss wieder an seinen Traum denken: „Ob es jetzt gut wird auf der Erde? Bestimmt! Wenn Gott seinen Sohn zuerst zu den Armen schickt, dann wird bald Frieden sein. Dann wird wieder Licht und Wärme bei den Menschen sein und das Leid hört auf." Maria hört aufmerksam auf alle diese Worte.
Ruben will noch gar nicht gehen. „Ob das Geheimnis jetzt für alle Menschen sichtbar wird? Nun ist er doch geboren, der Friedenskönig."
Vorsichtig kneift er die Augen zusammen und blickt nach dem Stern. Da war es Benjamin, als strahle ein wunderbares Licht aus der Krippe mit dem Kind. Und er läuft in die dunkle Nacht hinaus und ruft, so laut er kann: „Schaut nur, welch eine Farbenpracht! Gott hält sein Versprechen, er will, dass die Menschen in Frieden und Gerechtigkeit miteinander leben. Das ist das Geheimnis von Weihnachten!"
Die Hirten kehren nun wieder zu ihren Weiden zurück. „Wir armen Hirten haben alles miterlebt. Wenn schon sonst keiner mit uns zu tun haben will: Zu uns ist Gottes Sohn zuerst gekommen. Jetzt wird es gut auf der Erde." Samuel freut sich und nimmt vor Übermut Benjamin auf den Arm und läuft los. Der trommelt ausgelassen auf seine Schultern und ruft: „Und morgen laufe ich nach Bethlehem und erzähle allen, was wir erlebt haben: „Gottes Sohn ist zu uns auf die Erde gekommen, er wird die Welt retten!"

Die Sterndeuter kommen nach Bethlehem

Weit im Osten der damals bekannten Welt war am Himmel ein neuer Stern aufgegangen. Und drei weise Sterndeuter machten sich auf den Weg. Sie suchten nach einem neuen König, auf den die Menschen schon lange warteten, den König des Friedens, den Gott zu den Menschen schickt.
Eines Abends erreichten die drei Sterndeuter die Grenze der kleinen römischen Provinz Juda. Auf ihrem Weg hatten sie schon viele Geschichten gehört, die sich die Menschen von dem neuen König erzählten. Und sie erinnerten sich: „Sagte uns nicht einer der Knechte dort, dass er aus Juda stammt?" „Richtig, berichtete er nicht auch von der Hoffnung auf einen neu-

en König?“ „Ein merkwürdiger König war das, der auf dem Reittier der Armen, auf einem Esel geritten kam.“
Sie schauten in den dunklen Abendhimmel nach Westen. „Ob wir nun bald am Ziel unserer Reise sind?“ „Juda ist ein kleines Land. Lasst uns morgen in die Hauptstadt gehen, dort ist der Palast des Königs. Wenn in diesem Land der neue König geboren wurde, wo sonst sollten wir es erfahren?“
So brachen sie früh am nächsten Tag auf. Am Abend kamen sie nach Jerusalem und fanden in einer Herberge ein Nachtlager. Sie gingen durch die Gassen der Stadt fragten: „Sagt, ist in eurem Land ein neuer König geboren? Einer, der von Gott eingesetzt ist?“ Aber die Leute schauten die Fremden erstaunt an und schüttelten den Kopf. „Aber so hört doch, wir haben seinen Stern gesehen. Darum sind wir gekommen. Wir wollen ihm unsere Ehre erweisen.“
Endlich bekamen sie eine Antwort, aber anders, als sie es erwartet hatten: „Was sprecht ihr von einem rechtmäßigen König? Ihr kommt wohl von weit her. In unserem Land herrscht Herodes.“ Und der, der das sagte, schaute sich vorsichtig nach allen Seiten um, bevor er leise weiter sprach: „Er kommt gar nicht aus der Königsfamilie, er ist durch Heirat an die Macht gekommen. Und wenn die Römer ihn nicht schützen würden, wer weiß, ob es ihn noch gäbe. So nach und nach hat dieser Herodes die Macht an sich gerissen. Er ist ein grausamer König. Wir Menschen in Juda leiden unter seiner Herrschaft.“
Die Sterndeuter bedankten sich für diese Auskunft und gingen weiter. Fremd, wie sie aussahen, erregten sie Aufsehen in Jerusalem. Bis zum Hofe des Herodes drang die Nachricht von ihnen. Als der König hörte, dass sie von der Geburt eines neuen, rechtmäßigen Königs sprachen, war er zutiefst erschrocken. Sofort rief er seine Berater zu sich.
„Fremde Gelehrte sind in der Stadt. Sie fragen nach einem neuen König, einem Messias, den die Propheten verheißen haben. Sagt mir, was ihr darüber wisst! Wo soll er geboren werden?“ Die Berater forschten in den alten Schriften und gaben dem König Bericht: „Hier steht etwas über einen Friedenskönig. Er soll in Bethlehem geboren werden. Das ist in der Schriftrolle des Propheten Micha aufgeschrieben.“
In der nächsten Nacht ließ Herodes die drei Sterndeuter zu sich rufen. Er holte sie heimlich, damit es keiner im Land merkte. Denn Herodes hatte Angst um seine Macht. Er fragte sie nach dem Stern, dem sie gefolgt waren: „Wann habt ihr den Stern entdeckt? Wenn sein Glanz euch von so weit her geführt hat, dann muss es ein ganz besonderer Stern sein.“
Sie berichteten von ihrer langen Reise, aber Herodes war ungeduldig und wollte sie schnell loswerden. „Ich habe meine Berater schon befragt. Geht nach Bethlehem. Forscht nach, ob ihr dort einen neugeborenen König findet. Und wenn ihr ihn gefunden habt, gebt mir Bericht davon. Dann will ich mich auch auf den Weg zu ihm machen.“

So kam es, dass sie den Palast des Herodes schnell verließen. Und einer von ihnen erinnerte sich an den Tag seiner Reise, als er schon einmal unverrichteter Dinge einen Palast verlassen hatte. „Was meint ihr, hat Herodes uns einen guten Rat gegeben?“ „Hat er nicht von Bethlehem gesprochen?“ „Ja, Bethlehem hat er gesagt.“ „Bethlehem? Erwähnte nicht einer von uns schon einmal diesen Namen?“

Am nächsten Tag verließen sie Jerusalem. „Da, schaut, der Stern, der uns so weit geführt hat, nun ist er wieder da!“ „Merkwürdig, jetzt, wo wir den Palast hinter uns gelassen haben, ist er wieder zu sehen.“

Eilig zogen sie in die Richtung, die der Stern ihnen gewiesen hatte. So kamen sie nach Bethlehem und fanden das Haus, in dem Jesus, das neugeborene Kind, mit seiner Mutter Maria und Josef war. Sie gingen hinein und knieten vor dem kleinen Kind Jesus nieder. Schnell ließen sie ihre kostbaren Geschenke holen, die sie für den neuen König mitgebracht hatten. Gold, Weihrauch und Myrrhe breiteten sie vor dem Kind aus. Sie waren ganz sicher: „Wir sind am Ziel unserer Suche. Dieses Kind ist der Messias, Gott hat ihn gesandt.“ „Er ist der König des Friedens, auf den die Völker schon so lange warten.“

Mit dieser guten Botschaft traten die drei Sterndeuter ihren Heimweg an. Ihre Suche hatte sich gelohnt.

Herodes aber sagten sie nichts davon. Gott war ihnen im Traum erschienen, und sie zogen auf einem anderen Weg zurück.

Wer ist denn dieser Jesus?

Gottes gute Nachricht weitererzählen

Einführung

Jesus

Wer ist denn dieser Jesus? Die Antwort auf diese Frage fällt gar nicht so leicht! Zunächst finden wir in den Evangelien Berichte, in denen uns Jesus als Person gegenübertritt. Natürlich sind diese Texte zunächst Zeugnisse des Glaubens der ersten Christen. Über zwei oder gar drei Generationen wurden sie mündlich weitergetragen. Und dann erst wurden sie aufgeschrieben, um den Nachlebenden ein Bild zu erhalten, damit nichts vergessen geht. Markus hat damit begonnen, Matthäus und Lukas haben darauf aufgebaut und andere ihnen überlieferte Begegnungen dazu geschrieben. Einige haben nur sie gekannt, andere haben beiden vorgelegen. So kommt es, dass wir manche Geschichten in allen drei Evangelien finden, manche nur bei Lukas oder Matthäus. Aufgeschrieben wurden sie in verschiedenen Situationen der ersten Gemeinden. Das gilt auch für das Johannesevangelium, das in der Zeitfolge zuletzt entstand.

Gemeinsam ist allen Evangelien: Sie erzählen für ihre Gemeinden und es sind Geschichten, die Bilder der Hoffnung entfalten, damals und heute. So, wie sie in der ersten Gemeinde neue Hoffnung weckten, so werden sie geradezu notwendig für die Kinder unserer Zeit angesichts der Übermacht der trostlosen Bilder, denen sie ausgesetzt sind. Glaubwürdig sind sie durch die Person Jesu, der gerade nicht als eine Art Superman auftritt, sondern als Mensch wie du und ich für das Leben eintritt. Im Bewusstsein seines besonderen Gerufenseins von Gott tritt er mit seinem Leben dafür ein.

Viele der in diesem Buch ausgewählten Geschichten stammen aus dem Lukasevangelium. In seinen Texten leuchtet dicht miteinander verwoben das neue Gottesverständnis Jesu auf: Er verkündigt den Gott, der den Menschen gerecht spricht, ohne Vorleistung, ohne Blick auf Herkunft, Gesellschaftsstand, körperliche Stärke und soziale Einstufung. Simon Petrus, ein von seinen Lähmungen befreiter Mann, der Zöllner Levi und Weitere erfahren am eigenen Leib, was es heißt: Du gehörst zu Gott, dem Vater Jesu Christi! Und in den Erzählungen werden sie den Zuhörenden zu Identifikationsfiguren, auch sie sind mit der Einladung gemeint. Da lohnt es sich, genauer auf die Komposition der Geschichten zu achten. Lukas hat hier die Vorlage des Markus aufgenommen und in den Zusammenhang seiner theologischen Aussagen gestellt. Es fällt auf, dass viele Geschichten im griechischen Text mit dem gleichen Ausdruck beginnen, übersetzt heißt er etwa: Und es geschah, es ereignete sich, dass –

Lukas will also zeigen: Jesus macht Ernst mit dem, was er (Lk 4,16-21) in Nazareth verkündet hat. Da ist von wunderbaren Veränderungen die Rede. Jesu Taten bezeugen mit den drei Abschnitten aus dem 5. Kapitel auf eindrückliche Weise den Anbruch einer neuen Zeit.

In der Synagoge in seiner Heimatstadt Nazareth hat Jesus am Sabbat aus einer Schriftrolle den Abschnitt Jes 61,1-2 gelesen: „Der Geist des Herrn ist auf mir, weil er mich gesalbt hat, zu verkündigen das Evangelium den Armen; er hat mich gesandt, zu predigen den Gefangenen, dass sie frei sein sollen, und den Blinden, dass sie sehen sollen, und den Zerschlagenen, dass sie frei und ledig sein sollen, zu verkündigen das Gnadenjahr des Herrn." Aber dabei belässt er es nicht, sondern fügt hinzu: „Heute ist dieses Wort der Schrift erfüllt vor euren Ohren."

In diesem Absatz geht es immer wieder um Befreiung. Was diese Befreiung meint und welche Folgen sie hat, ist in den drei Geschichten beschrieben. Von Jesus her kommt die Zusage: Du sollst frei sein von deiner Gottferne, frei sein von deinen Ängsten und Skrupeln, frei von deinen Gebrechen, damit du deine Aufgabe findest, deinen Ort in der Gemeinschaft, und aufrecht dein Leben unter dem Willen Gottes gestalten kannst.

Auf diese Weise wird die Kernaussage des Neuen Testamentes in den Texten des Lukas besonders deutlich. In diesen Geschichten wird von den grundlegenden Werten der Rechtfertigungslehre erzählt, und zwar nicht mit schwierigen Begriffen, sondern so, dass auch die Kinder verstehen, was es heißt, als Kind Gottes in der Nachfolge Jesu Christi sein Leben zu gestalten. Gott schenkt uns Gerechtigkeit, er ist in Jesus Christus zu uns gekommen, und das können wir gelten lassen als ein Geschenk.

Und da kommt natürlich eine andere Geschichte in den Blick. „Wer das Reich Gottes nicht empfängt wie ein Kind –", das meint ja genau eine solche vertrauensvolle Haltung.

Wo Menschen sich auf Jesus verlassen, wie Simon Petrus das tut, da kann Neues passieren! Menschen werden fähig, andere Menschen für Gottes Liebe zu gewinnen. Was bei Luther mit „Menschen fangen" übersetzt ist, hat im griechischen Wortsinn die doppelte Bedeutung von „lebendig gefangen nehmen", kann aber auch „beleben, wiederbeleben" heißen. Was Simon Petrus

widerfährt, ist mehr eine Verheißung als eine Berufung. „Ich verlange viel von dir, aber fürchte dich nicht! Wenn du dich auf mich verlässt, dann wirst du Teil haben an meinem Auftrag: Menschen für das Leben zu gewinnen, das Gott ihnen eröffnet." Paulus hat diese wunderbare Veränderung in dem Satz zusammengefasst: „Ist jemand in Christus, so ist er neu geschaffen, denn das Alte ist vergangen und Neues ist geworden (2. Kor 5,17)."
So erfährt ein gelähmter Mensch in der Begegnung mit Jesus, wie die Zusage aus Ps 103 „– der dir all deine Sünde vergibt und heilet alle deine Gebrechen" ihm ein neues Leben eröffnet. Es bleibt geheimnisvoll, dass Menschen von Leid betroffen sind, aber die quälende Frage, womit ich dieses Leid verdient habe, entbehrt nun jeder Grundlage. Eine neue Perspektive der Hoffnung tut sich auf: Jeder Mensch kann mit seinen Beeinträchtigungen an der Fülle des Lebens teilhaben. Wir können aufstehen, das Bündel unseres Leides unter den Arm nehmen und leben! Die von Jesus zugesprochene Vergebung möchte im Zusammenhang der Ansage des Gnadenjahres (4,19) gesehen werden. Es geht um die wiederhergestellte Verbindung zwischen Gott und Mensch von Gott her. So wird daraus ein beziehungsreicher Vorgang, der Buße, Umkehr einschließt. Und Lukas setzt diese Umkehr ins Bild: Der Gelähmte wird zu Jesus getragen. Er wird zu Jesus hinabgelassen wie ein Toter in die Grube. Er wird von Jesus angesehen, angesprochen und befreit von Krankheit und Sünde. Er steht auf und geht auf eigenen Füßen in ein neues Leben. Das ist die Umkehr, die Jesus meint, in Abgrenzung zur Bußpredigt des Täufers, der diese Buße als menschliche Leistung fordert.

Für die Aufforderung Jesu: „Steh auf!" benutzt Lukas den gleichen Wortstamm wie bei der Ankündigung der Auferstehung Jesu durch den Engel am leeren Grab. Und darum war diese Geschichte so wichtig für die Gemeinde des Lukas: Der Gelähmte steht auf in der Kraft dessen, der selber auferstanden ist.
Levi, der Zöllner, erfährt Wiedereingliederung in die Gemeinschaft. Jesus mutet allen diese Tischgemeinschaft zu. Er überschreitet Grenzen, damit die, die draußen sind, auch wenn sie selbst daran Anteil haben wie Levi, neuen Zugang finden können. Er geht an der Seite von Jesus, wie Bartimäus, der in diesem Jesus den verheißenen Messias erkennt und darüber sehend wird.

Bewusst sind dabei einige ausgewählte Wundergeschichten aufgenommen. Es zeigt sich: Bei ihnen geht es nicht um objektive Tatsachenberichte, sondern diese Geschichten werden aus Betroffenheit erzählt um Betroffenheit zu erreichen: Ich bin gemeint in der Begegnung mit Jesus. Wunder sind dann Ereignisse, die als nicht vorstellbare Befreiung und Erlösung erfahren werden. Gesetze menschlicher Erfahrung, die Menschen zu allen Zeiten erleiden und erlitten haben, werden durchbrochen: Krankheit, Blindheit, Einsamkeit, Außenseiter sein, Schuldverstrickung, all diese Teufelskreise verschlimmern sich zumindest nach menschlicher Erfahrung. Die Hoffnung auf Wunder ist der Protest gegen den Zwang des scheinbar Unabänderlichen. So erzählt das Neue Testament Wunder: in der Durchbrechung von „Gesetzen, die den Menschen dazu verurteilen, schon lebendig tot zu sein" (I. Baldermann). Aussatz, Unreinheit, Lähmung, Blindheit, Taubheit und andere Krankheiten geben der Hoffnungslosigkeit Gestalt, und in Jesu alltäglichem Verhalten geschehen solche Wunder der Durchbrechung. In der Begegnung mit Zöllnern und den Hütern der alten Ordnung kann es geschehen: Blinde werden sehend, Lahme kommen in Bewegung, Menschen werden von Schuld befreit. Und von dem zum Vater zurückgekehrten Sohn wird gesagt: „Dieser mein Sohn war tot und ist wieder lebendig geworden."

Auch in den Gleichnissen Jesu geschieht solches „neues Sehen". Jesus nimmt die Bilder der Menschen seiner Zeit auf und er öffnet sie gleichzeitig für die neue Wirklichkeit Gottes, mit den Worten des Neuen Testamentes „das Reich der Himmel". Ein unscheinbares Senfkorn wird zum großen Baum, weiß doch jedes Kind, oder? Ein Hirte geht dem einzelnen verlorenen Schaf nach und lässt 99 Schafe zurück, würde doch jeder so machen, oder? Natürlich, nüchtern betrachtet – nein, aber schon hat sich die neue Denkmöglichkeit im Kopf der Zuhörenden eingenistet. „Die neue Wirklichkeit des Himmelreiches."
Und so lassen sich auch die weiteren Erzählungen von Begegnungen mit oder Gleichnissen von Jesus als der Hoffnung und der Befreiung erzählen. Sie sind, wie die Geschichte von der Kindersegnung, verteilt über die anderen Kapitel des Buches Lukas zu finden. Von solchem Glauben, der nicht aufhört, die Zerstörung des Lebens gegen die Güte Gottes einzuklagen, erzählt die Bibel. Und von einem solchen Glauben, der mit Geschichten der Hoffnung und Befreiung Leben im Angesicht des Todes möglich macht, können wir unseren Kindern erzählen.

Ideen zur Gestaltung

Gott lässt aus dem Kleinen Großes wachsen

Ein Vorschlag zur Erschließung des Gleichnisses vom Senfkorn mit allen Sinnen.
Mit den Kindern machen wir uns auf den Weg, in unserem Alltag in den kleinen Dingen hier und da zu entdecken, dass Gottes Liebe unter uns wohnt, ein zartes Pflänzchen, das gepflegt werden möchte, damit es wachsen kann.

Wir spüren, wie klein ein Senfkorn ist
In einer kleinen Schale werden, mit einem Tuch verdeckt, Senfsaaten herumgegeben.
Alle Kinder fassen unter das Tuch und spüren die winzigen Körner.

Wir wachsen wie ein Senfkorn
Mit unserem Körper gehen wir dem Wachstum des kleinen Senfkorns nach. Wir hocken uns mit den Kindern in einen Kreis und machen die rechte Hand zur Faust, die von der linken Hand abgedeckt wird. Langsam lassen wir den rechten Zeigefinger durch den Spalt zwischen Daumen und Zeigefinger der linken Hand hindurch wachsen: Durch die Erdkruste schiebt sich der kleine Keim. Ein zweiter Finger kommt dazu, dann wächst der Keim zu einem kleinen Baum. Wir stehen auf und strecken langsam den ganzen Arm nach oben. Im Stand wächst dann auch unser zweiter Arm und wir werden zu einem großen Baum, der sich leicht im Wind hin und her wiegt.

Wir hören, was Jesus vom kleinen Senfkorn erzählt
Gott hat Großes mit uns vor
In allen Farben leuchtet das Laub des großen Ahornbaumes in der Herbstsonne. Simone und Tim haben es sich auf einem breiten Ast gemütlich gemacht. Sie sitzen gern dort oben und genießen den Ausblick. Im Sommer haben die beiden Geschwister weit hinter ihrem Haus diesen Baum entdeckt. Weit genug sogar, um den Ruf der Mutter mal zu überhören, haben sie hier einen geschützten Platz gefunden. Über ihnen streckt sich die breite Krone in den Himmel, und wenn sie ganz still sind, dann lassen sich auch die Vögel nicht von ihnen stören. Ab und zu weht ein Wind durch die Zweige und viele kleine Propeller fliegen durch die Luft. Ihre Mutter hat ihnen erzählt, dass dies die Samen sind, aus denen solche großen Ahornbäume wachsen.
Simone erinnert sich an eine Geschichte, die sie gehört hat:

„Jesus hat die neue Welt Gottes mit einem Senfkorn verglichen, das ein Mensch auf einen Acker säte. Ein Senfkorn ist sehr klein, 300 Senfkörner wiegen nur ein Gramm, einmal pusten und weg ist es. Wenn es aber gewachsen ist, so ist es größer als alle Sträucher und wird ein Baum."
Tim protestiert: „Das ist aber eine maßlose Übertreibung! Zwei Meter höchstens wird solch eine Senfstaude groß."
Doch Simone lässt sich nicht beirren: „Du schon wieder mit deinem Verstand! Stell es dir doch einfach mal vor! Wünschst du dir nicht auch ganz oft, dass aus etwas Kleinem mal was ganz Großes wird?"
Klar, da ist Tim wieder dabei: „Wenn ich groß bin, dann möchte ich dafür sorgen, dass alle Kinder auf der Welt so einen tollen Platz zum Spielen haben

wie wir und genug zu essen und zu trinken und alles, was sie so zum Leben brauchen!“ Im Fernsehen hatte er eine Sendung über Kinder in Afrika gesehen, denen das Nötigste zum Leben fehlt.
„Ja“, sagt Simone, „so hat Jesus das bestimmt gemeint: Aus unseren kleinen Hoffnungen kann etwas ganz Großes und Gutes wachsen. Aber wer sieht das schon mit unseren Augen?“ Und sie schauen wieder hinauf durch die große Krone in den blauen Himmel.
Ja, so soll es sein in Gottes neuer Welt: Wenn das kleine Samenkorn gewachsen ist, wird es ein Baum und die Vögel unter dem Himmel kommen und wohnen in seinen Zweigen.
Simone denkt: „Hoffentlich entdecken ganz viele Menschen dieses schöne Geheimnis. Alle sollen es erfahren: Gott hat Großes mit uns vor.“ Und sie verfolgen den Flug eines Bussards, der höher und höher über ihnen kreist, dem Himmel ganz nahe.

Wir freuen uns und tanzen
Im Anschluss an die Geschichte singen wir das Lied: „Wer Gottes Wort hört und lebt danach, wird wachsen wie ein Baum“ und tanzen zu der dort abgedruckten Beschreibung.

Bei Jesus sind wird heut zu Gast … – Elemente für eine Feier in der Tageseinrichtung oder einen Familiengottesdienst

Eröffnung
Eingangswort – Begrüßung

Lied: Komm, sag es allen weiter EG 225

Gebet zum Eingang

> *Kehrvers:*
> Ich will Gott loben
> mit aller meiner Kraft
> und mich freuen über seine Liebe,
> die er uns schenkt.

Ich will mich über Gott freuen
und all das Gute nicht vergessen,
das ich von ihm empfangen habe.
Er hat mir alle meine Schuld vergeben
und hat heil gemacht, was in mir zerbrochen war.

> ich will Gott loben
> mit aller meiner Kraft

und mich freuen über seine Liebe,
die er uns schenkt.

Er hat mich reich, ja überreich gemacht
an allen Gütern, die ich mir wünschte.
Er hat meine Kraft erneuert,
wie das Gefieder des Adlers neu wird.

Ich will Gott loben
mit aller meiner Kraft
und mich freuen über seine Liebe,
die er uns schenkt.

So hoch der Himmel über der Erde ist,
so weit reicht seine Freundlichkeit
über die, die zu ihm gehören. Amen
(nach Ps 103)

Lied: Licht der Morgensonne
Während des Liedes oder auch vor dem Gottesdienst, beschriften alle (die Kleinen mit Hilfe) eine kleine vorbereitete Tischkarte, DIN A6, gefaltet, mit ihrem Namen.

Hören und Antworten
Es folgt nun eine Tisch-Geschichte der Begegnung von Jesus und Levi (Lk 5,27-32), in die hinein das Gleichnis vom großen Abendmahl (14,15-24) erzählt wird.
Ein besonderer Tisch dient für diese Geschichten zur Veranschaulichung: Er besteht aus vier dicken Beinen, die, unterstützt durch eine kleine Bodenplatte als Fuß, auch allein stehen können. Die Tischplatte wird einfach darauf gelegt.
Die vier Tischbeine bekommen nach und nach eine besondere Bedeutung bei der Geschichte von der Begegnung Jesu mit Levi (nach Lukas 5, 27-32), denn mit ihrer Hilfe lässt sich die Dramaturgie sehr anschaulich gestalten.
Eine Alternative zu dieser Form der Visualisierung besteht darin, dass vier Personen zunächst die „Rolle" der vier Tischbeine übernehmen. Sie bekommen dann ein großes Tuch, das sie zwischen sich spannen. Darunter wird ein passender Tisch geschoben, der dann ebenfalls gedeckt werden kann.

Zu den Tischbeinen (bzw. einzelnen Personen):
1. *steht für Levi, der bis zuletzt nicht weiß, ob Jesus wirklich kommt, und dann, als die Schriftgelehrten mit den Jüngern sprechen, denkt: „Jetzt erfährt er alles über mich und geht!"*
2. *steht für die Freunde des Levi, die Zöllner und Sünder, wie sie summarisch immer wieder als Exempel für die Verlorenen von den Gegnern Jesu genannt werden.*

3. *steht für die Jünger, die mit Jesus in das Haus des Levi gekommen sind, sich vielleicht fragen, ob es richtig ist, im Haus eines Zöllners und Kollaborateurs einzukehren.*
4. *steht etwas abseits für die Schriftgelehrten, die draußen stehen und die Jünger zu sich winken, um Jesus deutlich zu machen, dass er hier nichts zu suchen hat.*

Die Tischplatte steht schließlich für Jesu Antwort auf die Frage nach der Gemeinschaft von Gerechten und Ungerechten im Reich Gottes, die Jesus mit dem Gleichnis vom der großen Einladung (Lks 14,15-24) beantwortet. Alle werden Gäste am Tisch Jesus, er ist der Gastgeber.

Geschichte

Dieser Tag hatte für Levi schlecht begonnen. Am Zoll hatte es Streit gegeben. Eine Gruppe von Kaufleuten, die sich zu den Pharisäern zählen, war mit der Höhe des geforderten Zolls nicht einverstanden gewesen. Als Levi auf die Zahlung bestand, schimpften sie: „So ein gottloser Geselle, elender Sünder!" Diese Worte taten Levi weh. Er war nämlich unsicher geworden, ob die Übernahme der Zollstation von den Römern richtig war. So sehr er es schnell zu einigem Wohlstand gebracht hatte, er zahlte einen hohen Preis.

Gerade zog wieder eine Gruppe von Menschen aus der Stadt. Sein geschultes Auge sagte ihm, dass da nichts zu holen war. Es war Jesus, der mit einigen Männern und Frauen durch die Städte und Dörfer zog. Levi hatte erstaunliche Dinge über ihn gehört. Der erzählte ganz anders und neu von Gott, von Gottes Liebe, die keine Grenzen kennt; alle sollten dazugehören, keiner würde ausgestoßen werden.

Levi schaute Jesus hinterher. Der drehte sich plötzlich um, kam auf ihn zu und sagte: „Levi, folge mir!" Und tatsächlich, Levi stand auf, ließ die Zollstation zurück und ging an der Seite von Jesus vor die Stadt. Sie sprachen lange miteinander und Levi lud Jesus mit seinen Freunden zu sich in sein Haus.

Levi eilte in sein Haus, um alles vorzubereiten. Auch seine Freunde sollten kommen, sie sollten sich mit ihm freuen. Richtig aufgeregt war er: „Ob Jesus wirklich in mein Haus kommt? Er weiß doch, wer ich bin!" *(1. Bein aufstellen).*

Levi war aufgeregt. Alles war für das Fest bereitet. Endlich kam Jesus mit einigen Männern und Frauen, die ihn begleiteten. Im schattigen Innenhof setzten sie sich um einen großen Tisch *(2. Bein dazu stellen).* Levi ließ zur Erfrischung kühles Wasser und Wein und Früchte bringen.

Inzwischen waren auch Levis Freunde eingetroffen *(3. Bein aufstellen).* Zöllnerkollegen wie er, dazu einige ärmlich gekleidete Männer und Frauen. Als sie Jesus sahen, wurden sie unsicher. Natürlich hatten sie von diesem Rabbi gehört und sie rechneten damit, abgewiesen zu werden. „Hier geht es um Gott, da habt ihr nichts zu suchen!", diesen Satz hatten sie zu oft gehört.

Das große Fest in Levis Haus konnte beginnen. Alle Gäste waren da.
Doch gerade, als Levi das Essen auftragen ließ, entstand Unruhe am Eingang des Hauses. Dort standen einige Schriftgelehrte und bei ihnen einer der Kaufleute, mit denen sich Levi morgens an der Station über die Höhe des Zolls gestritten hatte *(4. Bein an die Seite stellen)*. Levi stieß seinen Freund an: „Warum können die uns nicht in Ruhe lassen?" Die fröhliche Stimmung drohte umzuschlagen, feindselige Blicke wurden gewechselt.
Einige Jünger standen auf und gingen zu denen da draußen *(2. Bein zum 4. Bein bewegen)*. „Warum sitzt Jesus mit diesen Sündern an einem Tisch? Weiß er nicht, was das für Leute sind?"
Levi schaute ängstlich zu Jesus. „Ob Jesus jetzt geht? Im Grund haben die ja recht. Ich habe es wirklich nicht verdient." Doch Jesus blieb sitzen. Und auch die Jünger kehrten an den Tisch zurück *(2. Bein zurückstellen)*. Das Essen im Haus des Levi war in vollem Gange. Als die meisten schon satt waren, standen einige Jünger auf und gingen vor das Haus. Die Schriftgelehrten und Pharisäer waren gegangen. Nur einer war zurückgeblieben. Unbemerkt von den anderen hatte er einige Jünger zu sich gewinkt *(2. Bein zum 4. Bein bewegen)*.
Vor dem Haus fragte er sie: „Ob Gott das wirklich will? Alle Menschen, die Guten und die Bösen, die Gerechten und die Sünder, vereint an einem Tisch?"
Die Jünger konnten ihm keine Antwort geben. Aber sie luden ihn ein, mit in den Hof zu kommen. Leise sprachen sie mit Jesus *(2. Bein zurückstellen)*.
Als alle gegessen hatten, stand Jesus auf, um zu den Gästen und zu Levi zu sprechen:
„Ihr habt mir eine Frage gestellt und ich möchte euch mit einer Geschichte antworten:
Ein Gastgeber hat liebe Bekannte eingeladen. Voller Freude auf ein Wiedersehen hat er alles aufs Beste ausgerichtet. An nichts soll es fehlen. Die besten Speisen und guter Wein stehen bereit, das Haus ist geschmückt und eine festliche Tafel ist gedeckt. Kaum abwarten kann er es, doch nun ist alles fertig. Endlich schickt er seinen Knecht los: „Kommt, denn es ist alles bereit!" Diese gute Nachricht soll er allen geladenen Gästen überbringen.
(Das vierte Bein wird zu den anderen gestellt und die Platte wird aufgelegt, der Tisch ist fertig.)
Der Gastgeber fiebert dem ersten Gast entgegen. Wo sie nur bleiben? Doch, was ist das? Allein kehrt der Knecht zurück, und seine Nachrichten sind schlecht. Kaum wagt er dem Gastgeber in die Augen zu schauen. „Stell Dir vor, sie bitten dich um Entschuldigung. Sie können nicht zu deinem Fest kommen. Den einen traf ich beim Kauf eines Ackers. Die Verhandlungen waren wohl gerade abgeschlossen. Nun muss er ihn sich ansehen. Und der Nächste war gerade auf dem Weg, um sein neues Gespann Ochsen in Augenschein zu nehmen. Auch die anderen hatten gewichtige Gründe."

Da steht der Gastgeber nun. Alles ist bereit, aufs Beste ausgerichtet. Und nun kommt keiner, nicht ein Einziger. Und dann noch der Ruf aus der Küche: „Wir können auftragen, die Vorspeisen sind fertig!" Die Enttäuschung des Gastgebers weicht, Zorn steigt in ihm hoch.
„Geh wieder, geh auf die Straßen. Bringe alle mit, die du triffst. Die Armen, die Behinderten, die Blinden, die Kranken, die Gescheiterten. Wen immer du triffst, mein Haus soll voll werden."
Nach einiger Zeit füllt sich der Hof. Unsicher schauen sich die um, die dort hineinkommen. Wer rechnet auch mit einer Einladung, wenn er täglich erfahren muss: Mit dir will keiner zu tun haben. Und nun diese Pracht, diese Fülle.
Fast außer Atem kommt auch der Knecht wieder. „Mehr konnte ich nicht einladen, aber es ist noch Platz." „Gut, dann gehe hinaus vor die Stadt. So viele leben da, die kein Dach über dem Kopf haben. Bringe auch sie mit. Mein Haus soll heute voll werden."
Und dann wendet sich der Gastgeber an alle, die dort sitzen: arm, abgerissen, von ihrer Krankheit gezeichnet, am Leben gescheitert. Aus vielen Gesichtern leuchtet kaum noch Hoffnung. „Ihr seid gekommen, die, die ich eingeladen habe sind nicht gekommen. Sie haben nicht gespürt, wie wichtig mir dieses Fest ist, wie sehr ich mich auf sie gefreut habe. Seid meine Gäste, freut euch mit mir. Es ist genug für alle, ein großes Fest soll es werden."

Lied: Kleines Lied zur Agape

Feiern
Der Tisch wird für das gemeinsame Mahl vorbereitet. Dazu kommen jeweils eine Erzieherin/Elternteil und ein Kind. Der Text wird gelesen, dazu stellt sich ein Kind mit dem jeweiligen Element der Feier auf.

„Wenn wir bei Jesus zu Gast sind, dann vertrauen wir darauf: Gott ist uns ganz nahe, alles, was uns von ihm trennt, hat er aus dem Weg geräumt. Wir brauchen das Zeichen der Vergebung wie das tägliche Brot. Wenn wir uns vertragen, dann wird das Leben gut."
(Dazu stellt sich ein Kind mit dem Brot.)

„Wenn wir bei Jesus zu Gast sind, dann denken wird an die Gemeinschaft, die er uns schenkt und wir feiern die Gemeinschaft der Großen und Kleinen, aber auch der Gerechten und Ungerechten, und wer von uns könnte sagen, er säße ausschließlich auf der so genannten guten Seite? Wenn wir einander annehmen, dann wird das Leben gut."
(Dazu stellt sich ein Kind mit Weintrauben.)

„Wenn wir bei Jesus zu Gast sind, dann erinnern wir uns an das letzte Mahl Jesu mit seinen Jüngern, als er ihnen und allen, die ihm folgen, dieses Zeichen gab: Das Brot – mein Leib für euch – Wenn wir uns erinnern, dann wird das Leben gut."
(Dazu stellt sich ein Kind mit einer aufgeschlagenen Bibel.)

„Wenn wir bei Jesus zu Gast sind, geht es fröhlich zu wie bei einem Freudenfest. So kann es sein, wenn wir alle miteinander an einem Tisch sitzen, denn Jesus hat gesagt: Freut euch mit mir, heute und hier bricht das Reich Gottes an, achtet die Zeichen! Wenn wir das miteinander feiern, dann wird das Leben gut."
(Dazu stellt sich ein Kind mit einer Kerze.)

„Und dazu sind wir heute miteinander eingeladen!"

Das ist das Stichwort für die Kinder, den Tisch mit Brot und Weintrauben, der Bibel und der Kerze zu decken. Während des nächsten Liedes sammeln sie dann die Tischkarten ein, die alle mit ihren Namen versehen haben, und stellen sie dazu, Zeichen der umfassenden Einladung für groß und klein.

Lied: Kleines Lied zur Agape

Brot und Weintrauben werden miteinander geteilt.

Sendung und Segen
Lied: Lasst uns miteinander
Vaterunser
Segenslied
Segen

Lieder

Wer ist denn dieser Jesus

2. Strophe
Am See spricht er die Fischer an:
„Wollt ihr nicht mit mir gehn?
Komm mit, Simon, ich brauche dich!"
Da ließ der alles stehn!

3. Strophe
In Jericho ruft er geschwind:
„Zachäus, komm vom Baum!"
Und als er in sein Haus einkehrt,
zieht neues Leben ein.

4. Strophe
Sie fragen ihn nach Gottes Reich,
und wo es sich versteckt.
„Ein Senfkorn wächst und wird zum Baum,
habt ihr's nicht längst entdeckt?"

5. Strophe
Die Liebe Gottes, stellt euch vor,
sieht wie ein Vater aus.
Er freut sich über jedes Kind,
das heimkehrt in sein Haus.

6. Strophe
Weit über alle Grenzen hin
lädt er zum Frieden ein.
„Weil Gottes Liebe stärker ist,
lasst nun die Feindschaft sein!"

7. Strophe
Ein ganz besondrer Mensch ist er
und doch wie du und ich,
der Gottes Liebe zu uns bringt,
darauf verlass ich mich.

Geschichten

Jesus wird getauft

Als Jesus in Galiläa begann, den Menschen von Gottes Liebe zu erzählen, da ging er zuerst zum Jordan. Matthäus erzählt uns, wie es begonnen hat:
Am Jordan lebte Johannes, dem die Menschen den Beinamen Täufer gegeben hatten. Er zog über das Land und erzählte von seinem Auftrag: „Ich bin gerufen, euch Menschen zu Gott zu rufen. Gott kommt, Gott kommt schon bald! Lasst euch taufen, die Taufe ist das Zeichen, dass ihr zu ihm kommen wollt."
Als Zeichen dafür, dass sie zu Gott gehören, holte er sie zu sich in das Jordanwasser. Bis zum Bauch standen die Menschen im Wasser. Johannes tauchte sie einmal ganz unter, und dann half er ihnen aus dem Wasser heraus. „So will es Gott", sagte er, „euer altes Leben, alles was ihr falsch gemacht habt, alle eure Gedanken, alles was ihr getan habt, damit Gott weit weg war von euch, das ist nun abgewaschen. Es fließt dahin wie das Jordanwasser. Jetzt fängt ein neues Leben an. Gott ist ganz nahe. Er wird bald kommen."
Viele Menschen kamen zu Johannes dem Täufer. Sie wollten neu anfangen, sie wollten auch, dass Gott ihnen ganz nahe ist. Und sie ließen sich von ihm taufen.
Und so kam auch Jesus aus Nazareth an den Jordan. Und als Johannes wieder sagte: „Kommt, lasst euch taufen! Es ist das Zeichen, dass ihr nun zu Gott gehört und ganz für ihn da sein wollt", da stieg auch Jesus zu Johannes ins Wasser. Aber Johannes sagte: „Jesus, dich kann ich nicht taufen, du bist größer als ich. Gott hat Besonderes mit dir vor. Ich bin nur der, der den Weg bereit macht, du aber bist dieser Weg zu Gott. Wie kann ich dich also taufen?"
Jesus sagte: „Es ist dein Auftrag, du musst es tun. Taufe mich, denn so will es Gott. So nahe möchte Gott den Menschen sein, ein Mensch wie du und ich. Es ist gut so. Gott möchte, dass alle zu ihm gehören." Johannes fasste Jesus bei den Schultern und tauchte ihn tief in das fließende Wasser.
Als Jesus aus dem Wasser an das Ufer stieg, brach die Sonne durch die Wolken, es wurde hell. Und alle, die dabei waren sahen es: Gottes Geist war in dem Licht vom Himmel, wie eine Taube, die zu Jesus hinab flog. Und eine Stimme war da: „Jesus, du bist mein Sohn, ich habe dich lieb! Geh zu den Menschen und trage meine Liebe zu ihnen."
Und so sollte es sein: Alle Menschen, ohne Unterschied von Alter, von Rasse, von Herkunft, ob Mann oder Frau, ob groß oder klein, ob krank oder gesund: Alle sollen zu Gott gehören. Jeden Einzelnen ruft er mit Namen. Gott hat Jesus auserwählt, weil er einen neuen Bund mit den Menschen schließen möchte.

Jesus und Simon werden Freunde

Lukas erzählt uns von dem Fischer Simon und seiner ersten Begegnung mit Jesus von Nazareth:

Jesus kam zum See Genezareth. Das war in Galiläa, einem kleinen Landstrich am Rande des Landes. Die Menschen dort waren arm und viele hatten wenig Hoffnung, dass das Leben es noch einmal gut mit ihnen, meinen würde.

Dann kam eines Tages ein Mann zu ihnen der so ganz anders war, obwohl auch er ein Landsmann von ihnen war. Es war Jesus, damals noch unbekannt, aber ein Mensch, der Hoffnung und Lebensfreude ausstrahlte, so dass er die Menschen anzog. Seine Worte taten der Seele gut. Bei ihm spürten die Menschen: Was er zu sagen hat, das kann auch mir neue Hoffnung geben.

Eines Morgens waren so viele Menschen zu Jesus gekommen, dass er ein wenig Abstand brauchte, um zu ihnen zu sprechen.

Jesus steigt in eines der Boote am Ufer, es gehört Simon, einem der Fischer. Der schaut müde von seiner Arbeit hoch. Er ist dabei, die Netze nach der Ausfahrt der letzten Nacht zu reinigen und zu ordnen. Eine trostlose Arbeit, wenn man die ganze Nacht nichts gefangen hat. Nur Algen und Schlamm sind im Netz hängen geblieben.

Simon rudert ein paar Schläge auf das Wasser hinaus und fährt mit seiner Arbeit fort. Doch nach und nach dringen auch einige Worte Jesu durch seine trüben Gedanken hindurch. „Gebt eure Hoffnung nicht auf! Gott ist schon ganz nah! Aus einem winzigen Senfkorn, das vom Wind verweht ist, wird ein großer Baum wachsen. Habt Vertrauen, ihr Leute in Galiläa, Gott hat euch nicht vergessen."

Aber Simon fällt es schwer, den Worten Jesu zu folgen. Immer wieder steigen die alten Sorgen hoch: „Wie soll ich meine Familie ernähren, wenn meine Arbeit keinen Ertrag mehr bringt? Ob dieser Jesus auch darauf eine Antwort hat?" Und doch, er hört gerne zu, er mag die freundliche Art, mit der Jesus zu den Menschen spricht.

Als Jesus seine Rede beendet hat, setzt er sich Simon gegenüber und schaut ihn lange an. Und dann spricht er ihn an: „Fahr noch einmal hinaus und wirf deine Netze aus!" Man stelle sich das vor: Simon soll mitten am Tag auf den See hinaus und einen Fang tun! Soll er sich vor allen blamieren? Wo doch jeder weiß, dass man am Tag nichts fängt! So kommt es, dass Simon ein wenig gequält auf den Fremden in seinem Boot schaut. Doch der bleibt beharrlich. „Rabbi", legt Simon da los, „weißt du, was du da verlangst? Die ganze Nacht über haben meine Freunde und ich diesen See durchfischt, und wir haben nichts gefangen!" Simon klagt ihm erst einmal sein ganzes Leid.

Doch dann richtet er sich auf einmal auf und sagt: „Ich habe nicht viel von

dem behalten, was du gesagt hast. Aber was ich behalten habe, das hat mir gut getan. Ich habe nichts zu verlieren. Auf dein Wort, ich werde es versuchen!“ Er fasst die Ruder und mit mächtigen Schlägen steuert er auf den offenen See hinaus. Die Netze, die er gerade für die Nacht gerichtet hat, werden ins Wasser gelassen. Es ist der erfolgreichste Tag im Leben des Fischers Simon. Der Fang ist überwältigend. Die Netze drohen zu zerreißen. Nur mit Hilfe seiner Freunde kann er den Fang an Bord hieven.
Als Simon diese Fülle sieht, fällt er vor Jesus auf die Knie: „Geh weg von mir, ich bin ein sündiger Mensch!“ Er kann nicht begreifen, was hier geschieht. „Ich kann mit diesem Jesus nicht in einem Boot sein! Zu nahe kommt mir da Gott, das bin ich nicht wert.“
Jesus aber steht auf, nimmt ihn bei der Hand und richtet ihn auf. „Fürchte dich nicht! Was du hier erlebst, ist wunderbar. Überall dort, wo Menschen auf Gott vertrauen, kann so etwas geschehen. Simon Petrus, ich brauche dich! Komm mit mir! Von nun an wirst du Menschen für Gott gewinnen.“
Dies ist der Anfang der Geschichte von Simon Petrus am Ufer des Sees Genezareth. Simon, der Fischer, von Jesus hat er einen neuen Namen bekommen: Simon Petrus, der Fels.
(Lk 5, 1–11)

Jesus richtet einen Menschen auf
Ben lebt mit seinen Brüdern in einer Stadt in Galiläa. Es ist noch früh am Morgen, als er aus dem Haus auf die Straße tritt. Er streckt erst einmal seine Glieder. „Das tut gut! Ein schöner Tag ist das heute.“
Mit wachen Augen schaut er dem Treiben auf der Straße zu. „Heute sind die Menschen aber früh auf den Beinen. Da kommt ja Nathan, mein Onkel.“
„Guten Morgen, Ben! Auch schon auf dem Weg zu Jesus?“
„Jesus, ist er wieder in unserer Stadt?“
„Aber ja, ich bin gerade auf dem Weg zu ihm, kommst du mit?“
„Zu Jesus?“ Ben denkt an seine erste Begegnung mit Jesus vor einigen Wochen. Seitdem ist vieles in seinem Leben anders geworden. So, wie dieser Jesus von Gott spricht, das hat Ben Mut gemacht. „Gott liebt die Menschen, alle, ganz nah will er euch sein.“ – So hat Jesus gesprochen.
„Ja, ich komme mit, aber meine Brüder möchte ich heute auch mitnehmen.“ Schon einen Augenblick später kommt er mit ihnen wieder aus dem Haus und sie gehen los. Ihr Weg führt sie an der Synagoge vorbei. Neben dem Eingang sitzt Ruben. Ben kennt ihn. Rubens Beine sind gelähmt. Ihm bleibt nur das Betteln um Almosen. Er darf nicht einmal zum Gottesdienst in die Synagoge hinein.
Nathan greift wie gewohnt in seinen Beutel. Er will Ruben ein Geldstück in die ausgestreckte Hand legen. Aber heute zögert Nathan. Wie hatte Jesus

gesagt? Gottes Reich hat begonnen, Lahme werden gehen, Blinde werden sehen?
„Wir nehmen Ruben mit zu Jesus!“ Entschlossen geht Nathan auf Ruben zu. Ben überlegt nicht lange: „Ja, Jesus möchte, dass alle Menschen Gott nahe sind. Ruben, möchtest du mit zu Jesus?“ Der zuckt mit den Achseln, aber dann lässt er sich anstecken von der Fröhlichkeit der Vier. Er lächelt, und zeigt auf seine Trage. Vorsichtig heben sie Ruben darauf und tragen ihn.
Schon von weitem sehen sie das Haus, in dem Jesus zu Gast ist. Viele Menschen drängen sich vor den Türen und Fenstern. Nathan bittet freundlich um Einlass. Aber alle sind beschäftigt damit, auch von draußen etwas zu hören. Unwirsch weisen sie ihn ab. Was tun? Das Lächeln ist aus Rubens Gesicht verschwunden. Er denkt: „Da seht ihr es wieder, einer wie ich darf nicht zu Jesus.“ Doch Ben gibt nicht so schnell auf. Sie tragen Ruben um das Haus herum. Aber auch hier dasselbe Bild. Die Menschen drängeln sich und keiner ist bereit, ein wenig Platz zu machen.
„Da, der Aufgang!“ Bens Augen leuchten auf. „Komm, wir tragen ihn auf das Dach!“ Jetzt ist er in seinem Element. „Wozu haben wir bei Vater das Dachdecken gelernt?“ Die anderen verstehen zwar noch nicht, aber mit vereinten Kräften schaffen sie Ruben auf das Dach. Oben angekommen sehen sie, dass Ben auch ein Seil dabei hat; aus dem Garten des Hausbesitzers hat er es mitgenommen. Nun begreifen auch die Brüder. Mit bloßen Händen reißen sie die Ziegel zwischen zwei Dachbalken auf. Die Unruhe im Haus unten stört sie nicht. Zuerst ist es nur ein kleines Loch, doch mit geübten Griffen entsteht bald eine große Öffnung. Unten im Haus ist es ganz still geworden. Ben schlingt das Seil um die vier Enden der Trage. Auf sein Zeichen lassen sie Ruben langsam hinunter. Ihm klopft das Herz. Was wird Jesus sagen?
Da treffen sich ihre Blicke. Jesus schaut lange hinauf, freundlich. Und dann wendet er sich Ruben zu: „Mein Kind, alles, was dich von Gott trennt, es ist weggewischt; deine Sünden sind dir vergeben.“ Unruhe entsteht, die Gesichter der Schriftgelehrten verfinstern sich. Undeutliches Gemurmel wird laut, einige sind wütend, aber sie sagen es nicht. Jesus spürt die Stimmung: „Warum machen meine Worte euer Herz eng? Warum seid ihr wütend? Was ist leichter? Ist es leichter zu sagen, auch du gehörst zu Gott, ohne Wenn und Aber? Oder soll ich sagen: Steh auf, nimm deine Trage und geh deinen Weg? Ich, Jesus, der Menschensohn, von Gott gesandt, sage es: Steh auf, nimm deine Trage und geh deinen Weg.“
Der Mensch auf der Trage schaut Jesus an, fasst sich an die Beine, spürt die Kraft und vertraut ihr. Ruben steht auf, langsam, ergreift seine Trage und geht durch die erschrocken zurückweichende Menge hinaus.
„Gott sei Dank!“, ruft Ben und mit ihm die anderen. Er ist ganz verrückt vor

Freude. „Jesus ist von Gott gesandt! Er bringt Gottes Liebe zu allen Menschen!“ „Ja, und ganz besonders zu denen, von denen wir gedacht haben: Denen kann keiner helfen!“, fügt Nathan nachdenklich hinzu.
(nach Lk 5,17-26)

Bartimäus begegnet dem Licht der Welt

Markus erzählt uns vom Licht, das Jesus in die Welt bringt.
In Jericho lebt ein Mensch, der ist blind. Blind sein und nicht sehen können, das ist schlimm. Er kann die Sonne nicht sehen. Auch über die bunten Blumen kann er sich nicht freuen. Wie das alles kam? Markus erzählt es nicht. Der Mann heißt Bartimäus. Das heißt Sohn der Unreinheit. So nennen ihn die Leute und sagen: Er ist blind, weil er mit Gott nicht im Reinen ist.
Bartimäus sitzt tagein, tagaus am Tor. Dorthin wird er zum Betteln gebracht. Aber Bartimäus will nicht sein Leben lang blind bleiben, er will nicht von Almosen leben. Er kann sich nicht abfinden mit der Finsternis. Er hat noch Hoffnung, trotz allem. Er hat sich ein Wort aus den Psalmen ganz besonders gemerkt: „Gott, dein Wort ist meines Fußes Leuchte und ein Licht auf meinem Weg.“
Aber wer hat solche guten Worte für ihn? Ob der Friedenskönig, der Sohn Davids, ihn erlösen wird, wenn er kommt? Er erinnert sich auch an die Worte der alten Propheten. Der Sohn Davids, der Friedenskönig, wird kommen, ein Licht für die Völker. Er wird die Augen der Blinden heilen und alle Menschen, die im Dunklen gefangen sind, die werden das Licht sehen. Das sind die Worte, die in seinem Herzen lebendig sind. Und darum hofft er, dass eines Tages einer kommt, der ihm hilft.
Bartimäus’ Hände spüren mehr als andere Hände: Er merkt sofort, ob sie einem Menschen gehören, der ihm gern hilft, oder ob sie nur lästig ihre Pflicht tun. Auf seine Ohren kann er sich ganz besonders verlassen. Er hört die Stimmen der Menschen genau. Ob sie gut zu ihm sind oder nicht. Und er hört, wenn etwas Besonderes geschieht. Von einem solchen Tag erzählt uns Markus:
Jesus ist in Jericho. Eine große Menschenmenge folgt ihm. Als Jesus die Stadt verlassen will, geschieht es: Bartimäus ist schon ganz aufmerksam. Er spürt, da kommt einer, auf den ich schon lange warte. Er hört: Es ist Jesus von Nazareth. „Das ist doch der, von dem viele sagen, er sei der Messias, der Friedenskönig!“ Bartimäus spürt die Hoffnung der Menschen um Jesus. Er hört ihre Fröhlichkeit. Und dann geht auf einmal alles ganz schnell.
In seinem Kopf dreht es sich: Jesus, der Sohn Davids – der Friedenskönig, – das Licht der Völker. – Licht, das die Blinden von der Finsternis erlöst. Und dann schreit er los, voller Verzweiflung und voller Hoffnung schreit er: „Jesus, du Sohn Davids, hab’ Erbarmen mit mir, hilf mir aus meiner Not!“

Aber da sind viele, die ihn beschimpfen: „Sei stille, das gehört sich nicht für dich!"
Doch Bartimäus schreit umso lauter, sein ganzes Elend schreit er heraus: „Du Sohn Davids, hab' Erbarmen mit mir!"
Und Jesus bleibt stehen und sagt: „Ruft ihn her zu mir."
Einige gehen zu Bartimäus: „Bartimäus, fürchte dich nicht! Steh' auf! Jesus ruft dich!"
Und was tut Bartimäus? Er wirft seinen alten Mantel von sich, sein altes Leben streift er ab und steht auf. Mit vorsichtigen Schritten tastet er sich zu Jesus.
Jesus fragt ihn: „Was ist es, das ich für dich tun kann?" „Meister, mein Augenlicht, schenke mir, dass ich sehen kann, ich kann das Dunkle nicht mehr ertragen!"
Da spricht Jesus zu ihm: „Geh deinen Weg, Bartimäus, du glaubst so fest, dein Glaube hat dich gerettet." Und siehe, es geschieht, Bartimäus kann sehen. Und er zögert nicht. Er folgt Jesus auf seinem Weg nach Jerusalem. Er möchte bei dem bleiben, der seinem Leben Licht gegeben hat.
(Mk 10,46-52)

Der barmherzige Samariter
Eines Tages kommt ein gelehrter Mann zu Jesus. Er hat eine Frage, die ihn schon lange beschäftigt: „Was muss ich tun, damit ich ein gutes Leben führe und für immer Gott ganz nahe bin?" Jesus überlegt kurz und fragt zurück: „Du kennst die heiligen Schriften, was steht dort?" Das weiß der andere genau und antwortet: „Du sollst Gott lieb haben, aus vollem Herzen, mit deiner ganzen Seele und mit allen Kräften und Gedanken, und deinen Nächsten sollst du genauso lieb haben, wie du dich selbst lieb hast." „Ja", sagt Jesus, „genau so ist es richtig! Wenn du das tust, wirst du bei Gott leben." Aber der gelehrte Mann ist mit der Antwort noch nicht zufrieden, er fragt weiter: „Jesus, wer ist denn mein Nächster?" Da erzählt Jesus ihm eine Geschichte:

Ein Mann geht von Jerusalem hinunter durch das Felsental nach Jericho. Das ist ein langer, einsamer Weg, ein Weg, der durch die Wüste führt.
Und da geschieht es. Räuber kommen aus einem Versteck. Sie überfallen den Mann und schlagen ihn. Sie rauben ihm seine Kleider und alles, was er hat, und lassen ihn halb tot liegen.
Nach einiger Zeit kommt ein Priester auf demselben Weg. Und der Priester sieht den Überfallenen und geht weiter. Wieder einige Zeit später kommt ein Tempeldiener vorbei. Und der Tempeldiener sieht den Überfallenen, und geht weiter. Auch ein Samariter, ein Ausländer aus dem Nachbarland, kommt des Weges an dem Überfallenen vorbei. Und der Samariter sieht den Überfalle-

nen und er geht nicht weiter. Er hat Mitleid mit ihm. Er kann nicht anders, er muss ihm helfen. Und er versorgt seine Wunden. Er reinigt und pflegt sie mit Wein und Öl und er legt einen Verband an. Dann hebt er den Überfallenen auf sein Reittier und bringt ihn zu der nächsten Herberge am Rande der Wüste. Und dort sorgt er weiter für ihn.
Am nächsten Morgen muss er aufbrechen. Bevor er weiterzieht, gibt er dem Wirt Geld und sagt: „Bitte, pflege ihn gut. Und wenn du noch mehr Geld brauchst, sollst du es bekommen, wenn ich wiederkomme."

Jesus schaut den Gelehrten an: „Du hast meine Geschichte gehört. Was denkst du? Wer ist für den Überfallenen ein Nächster geworden?"
Da antwortet ihm der Gelehrte: „Natürlich der, der ihm geholfen hat!"
„Siehst du", sagt Jesus, „jetzt hast du die Antwort gefunden. Mach es auch so, dann wirst du ganz nah bei Gott leben!"
(nach Lk 10,25-37)

Auf dem See – allein

Das war ein anstrengender Tag für Jesus und seine Jünger. Von überall waren Menschen zusammengekommen. Tausende. Und alle wollten sie etwas von Jesus. Viele Kranke haben sie mitgebracht, sie hofften auf Heilung. Lange hat Jesus zu ihnen geredet. Und dann die wunderbare Erfahrung: Obwohl nur so wenig zu Essen da war, fünf Brote und zwei Fische, alle sind sie satt geworden. Und es ist so viel übrig geblieben. Jeder der Jünger trug noch einen vollen Korb mit Resten auf dem Rücken. Am Abend sagte Jesus zu seinen Jüngern: „Nehmt schon mal ein Boot und fahrt hinüber. Ich möchte noch ein wenig allein hier auf dem Berg bleiben. Ich möchte noch mit meinem Vater sprechen."
So kommt es, dass sie in eines der Boote steigen und in die Abenddämmerung auf den See hinausrudern. Schon ein gutes Stück sind sie vorangekommen. Sie schweigen, jeder ist in seine Gedanken vertieft. Ein guter Tag war das mit Jesus. Alle Menschen sind satt geworden. Bei Jesus stehen wir nie mit leeren Händen da, das ist gut.
Dann spüren sie es, langsam kommt Wind auf. Das Wasser beginnt sich zu kräuseln. Simon Petrus kennt sich aus auf dem See. Er schaut zum Horizont und wiegt bedenklich seinen Kopf. „Das wird ein hartes Stück Arbeit", sagt er und deutet auf die dunklen Wolken. Bedrohlich türmen sie sich wie riesige Berge in der Dämmerung. „Und der Wind kommt uns genau entgegen", ruft Johannes aus der Spitze des Bootes. Das Rudern fällt immer schwerer. Sie kommen ins Schwitzen, trotz des kalten Windes. „Ich habe das Gefühl, wir rudern auf der Stelle." Andreas schaut seinen Bruder Simon Petrus an: „Ob das gut geht?" Schon ist es stockfinster um sie herum. Das Brausen des Windes

wird immer lauter, die Wellen klatschen an das Boot. Ab und zu schwappt Wasser über die Bordwand. „Simon, halten wir den Kurs? Mir kommt es vor, als ob wir im Kreis rudern."
Und da ist es passiert, die Angst sitzt ihnen im Nacken. Wie ein schwerer Stein legt sie sich auf ihr Herz. So weit draußen auf dem See, alles ist dunkel, von überall die klatschenden Wellen, das Boot schwankt bedrohlich. Und Jesus ist so weit weg, oben auf dem Berg, und sie in der Tiefe. „Wie lang sind wir schon unterwegs?" „Mir kommt es vor wie eine Ewigkeit!" „Ich kann nicht mehr!", keucht Ruben. Er ist das Rudern nicht gewohnt. Seine Hände sind voller Blasen und schmerzen. Es treibt ihm die Tränen in die Augen. „Ich kann nicht mehr!" Die Angst nimmt ihm die letzte Kraft.
„Da, da", schreit Andreas auf, „eine Gestalt auf dem Wasser!" Er lässt sein Ruder los und schlägt mit den Armen um sich. Nun ist es auch mit dem letzten bisschen Mut der anderen aus. Sie schreien vor Furcht. „Das ist unser Ende, die Tiefe verschlingt uns!"
Mitten in ihrer Panik hören sie eine Stimme. Undeutlich tönt es durch das Brausen des Windes an ihr Ohr: „Seid getrost, ich bin es, Jesus, ich bin bei euch, fürchtet euch nicht." Diese Stimme kennen sie. Es ist Jesus. Mitten in der größten Angst ist er zu ihnen gekommen. Sie sind nicht allein.
Aber was macht Petrus denn da? Er steht im schwankenden Boot, legt die Hände an den Mund und schreit: „Mein Herr, wenn du es bist, dann rufe mich zu dir! Ich will zu dir kommen!" „Wenn du es willst, dann komm herüber zu mir!", ruft es zurück. Und Petrus steigt tatsächlich aus dem Boot. Den anderen stockt der Atem. Der Sturm peitscht Petrus die Gischt in die Augen. Rings um Petrus Wellen und Finsternis. Die gähnende Tiefe zeigt ihm ihr schwarzes Gesicht. Und da passiert es: Petrus geht unter und schreit: „Herr, Herr, hilf mir. Ich habe solche Angst!" Auch die Jünger schreien vor Schreck auf. Aber da ist Jesus, er hält ihn. „Wo ist dein Vertrauen? Ich bin doch da, warum zweifelst du?"
Nun ist Jesus im Boot bei den Jüngern. Und auch Simon Petrus ist zurück bei den anderen im Boot. Und der Sturm, er lässt nach. Die anderen können es noch gar nicht begreifen: Gerettet!
Sie fallen vor ihm nieder und Ruben spricht aus, was alle denken: „Jesus, du bist wirklich Gottes Sohn!"
(nach Mt 14,22-33)

Wird das gut ausgehen?

Passion und Ostern mit den Kindern gestalten

Einführung

Passion und Ostern

Die einleitende Frage weist auf ein Grunddilemma der Geschichten von Passion und Ostern hin. Zunächst sind sie Grundbestand der Erzähltradition der ersten Gemeinden gewesen, um die herum sich die anderen Erzählungen aus dem Leben Jesu zugeordnet haben. Zum anderen aber sind sie im Blick auf die Kinder höchst umstritten: Können wir ihnen wirklich die Grausamkeit zumuten, mit der Jesus konsequent in den Tod ging?
Die Entscheidung, den Kindern im Kindergartenalter auch die Passionsgeschichten zu erzählen, hat zwei Gründe.
Erstens haben Kinder heute vielfachen Zugang zu schrecklichen Berichten über Gräueltaten, meist ohne die Möglichkeit, sich darüber auszutauschen; und oft bleiben sie mit diesen Erfahrungen allein. Im Erzählen der Geschichten des Leidens Jesu werden solche Erfahrungen zur Sprache gebracht und können in guter Weise bearbeitet werden.
Zweitens sind die Passionsgeschichten schon in den ersten Gemeinden von den Erfahrungen der Menschen von Ostern her erzählt und aufgeschrieben worden. Auf diese Weise erschließen sie sich gerade in ihrer tröstenden Bedeutung für die Kinder angesichts so vieler anderer Geschichten, die eben nicht gut ausgegangen sind. Am Ende steht das Vertrauen darauf, dass Gott mit der Auferweckung Jesu von den Toten dem Tod die Macht genommen hat, und sich damit deutlich auf die Seite aller Menschen stellt, die von Leid und Tod betroffen sind. In meinem Leiden, verschuldet oder unverschuldet, bin ich nicht allein, diese Botschaft trägt sich durch die Erzählungen vom Leiden Jesu durch.
Das Leben ist stärker als der Tod, diese Botschaft zeigt sich in diesem Menschen Jesus, der Gott seinen Vater nennt. Und gerade darin erweist sich Gottes Herrlichkeit: Da ist einmal Jesus, der wahre Mensch. Sein Leiden, seine Passion, ist Mitleiden, ist Sympathie mit den Mitmenschen in dieser Welt. Und die Evangelien machen von Anfang an deutlich, dass immer wieder Menschen Jesus gegenübertreten, die ihm aus Angst und Sorge um die alte Ordnung feindlich gesinnt sind. Ihnen begegnet Jesus mit dem Anspruch, der

Sohn Gottes zu sein, und er sagt: Mit mir hat Gottes Reich begonnen. Und auch die Jüngerinnen und Jünger Jesu begreifen es in der Rückschau von Ostern her. Nur von Ostern her ist es auch für uns und für die Kinder zu begreifen.

Die Entstehung der Überlieferung der Passion Jesu nach Ostern [6]

Jesus wirkte zunächst im Umfeld Galiläas. Er zog dann hinauf nach Jerusalem. Er tat dies zur Zeit des Passahfestes, an dem viele Juden nach Jerusalem pilgerten, um das große Fest der Erinnerung an die Befreiung des Volkes Gottes aus der Sklaverei in Ägypten zu feiern. Bewusst wollte Jesus ganz Israel mit seiner Botschaft von der grenzenlosen Liebe Gottes konfrontieren. Er hat dabei auch mit der Möglichkeit eines gewaltsamen Todes gerechnet.

In der Auseinandersetzung mit den führenden Kreisen seines Volkes hat er als Folge den Tod gefunden. Das Todesurteil allerdings hat der römische Statthalter Pontius Pilatus ausgesprochen. Er hat Jesus als Anführer eines Volksaufstandes hinrichten lassen. Seine Anklage begründete er damit, dass Jesus sich selbst als messianischen König bezeichnete und damit die öffentliche Ordnung gefährdete. Dabei bleibt festzustellen, dass Jesus diesen Anspruch, der Messias, also der von Gott gesandte Friedenskönig zu sein, nicht auf die politische Herrschaft bezog. Jesus ist den Weg in den Tod in der Gewissheit gegangen, dass Gott ihm diesen Weg vorgezeichnet hat.

Für seine Anhänger allerdings bedeutete sein Tod auf Golgatha eine Katastrophe, denn nun schien ja widerlegt, was Jesus von sich behauptete: „Ich bin der von Gott gesandte Friedenskönig." Zu aller Trauer um einen geliebten Menschen kam also noch diese Enttäuschung dazu. Geschockt haben sich die Anhänger Jesu und seine Jünger nach Galiläa zurückgezogen.

Dort aber hatten die Frauen und Männer um Jesus nur wenige Tage nach dessen Tod in Jerusalem ganz besondere Erlebnisse. Und aus diesem Erleben schöpften sie neuen Mut und die Gewissheit: Gott hat Jesus von den Toten auferweckt, damit hat er Jesus und seine Botschaft anerkannt. Gott steht also auf der Seite Jesu! Von den Menschen ist Jesus verworfen worden, aber Gott hat ihn endgültig als den Messias, den Friedenskönig, erwiesen.

Mit der Auferstehung Jesu bricht eine neue Zeit an. Und die Hoffnungen, von denen in den alten Schriften geschrieben steht, erfüllen sich in Jesus, ja, Gott selbst ist in diesem Menschen Jesus am Werk.

Also war es wichtig die Geschichten vom Leiden und Sterben Jesu aufzubewahren und weiterzuerzählen. Die Passionsgeschichte ist sozusagen der Beginn der Evangelienschreibung. Später wurde sie mit den anderen Geschich-

---

[6] nach: J. Roloff, Einführung in das NT, §4.1.(Reclam 9413)

ten, die vom Wirken Jesu in Galiläa und seinem Weg nach Jerusalem gesammelt wurden, aufgeschrieben.
Aus dem Markusevangelium (Mk 14 und 15) lässt sich der Ablauf der letzten 24 Stunden Jesu nachzeichnen: Der Hohe Rat als oberste Behörde am jüdischen Tempel beschließt den Tod Jesu – Judas verabredet den Verrat – Abschiedsmahl Jesu im Rahmen des Sederabends vor dem Passahfest – Geschehen im Garten Getsemane und Gefangennahme – Verhör vor dem Hohen Rat – Auslieferung an Pilatus und Verurteilung – Geißelung und Weg nach Golgatha – Kreuzigung und Tod – Kreuzabnahme, Salbung und Bestattung des Leichnams Jesu.

Welche Interessen hatten die Anhänger Jesu mit der Erinnerung an dieses Geschehen? Sicher wollten sie auch diesen Teil des Lebenslaufes Jesu festhalten, aber ebenso wichtig war es ihnen, dem Geschehen eine Deutung zu geben. Von Anfang an sollte deutlich werden: Gott selbst handelt in der Geschichte des Jesus von Nazareth, und auch sein Tod geschah nach dem Willen Gottes. Jesus selbst hat sich diesem Willen unterstellt, im Gehorsam gegen Gott hat er in diesen Weg eingewilligt. Dabei fanden die Anhänger Jesu in den Psalmen Hinweise. Dort betet ein Mensch zu Gott, der unter seinem gerechten Lebenswandel leidet. Es ist einer, der in allem Leid auf dem Wege Gottes bleibt, einer, der unter den Nachstellungen seiner Feinde leidet, aber auch im Tod Gott treu bleibt. Er ist gewiss: Gott wird an mir festhalten! Und darum erklingt in diesen Psalmen am Ende ein Lobpreis von erfahrener Rettung. Eine solche Deutung lag nahe, weil von Jesus selbst überliefert ist, dass er am Kreuz den Anfang von Psalm 22, und wahrscheinlich darüber hinaus als jüdisches Sterbegebet den ganzen Psalm gebetet hat.
Dieser Psalm enthält viele Motive, die sich in den Passionserzählungen wieder finden: Gott gibt keine Antwort: „Mein Gott, warum hast du mich verlassen?“ (Ps 22,2) – Der Beter wird verspottet – Er muss zusehen, wie die Menschen um sein Gewand das Los werfen – Aber am Schluss steht der Jubel: „Ich will deinen Namen ... verkündigen, inmitten der Gemeinde will ich dich preisen! ... Denn er hat nicht verachtet, nicht verabscheut das Elend des Armen.“ (Ps 22,23-25).
Damit haben diese Psalmen die Sprache geliefert, mit der die Geschichte vom Leiden Jesu erzählt werden konnte. Und damit wird gleichzeitig deutlich: Von Anfang an ist diese Passionsgeschichte eine Erzählung, die das Geschehen in Jerusalem theologisch interpretiert. Und diese Interpretation heißt: So wie der Gerechte in aller Anfechtung bei Gott bleibt und am Ende von Gott errettet wird, so ist Jesus den ihm von Gott gegebenen Weg bis zum Ende gegangen. Gott hat ihm Recht gegeben und ihn von den Toten auferweckt. Die Auferweckung Jesu ist also von Anfang an das Ziel der Passionsgeschichte. Und

von diesem Ziel her können wir sie als Hoffnungsgeschichte entfalten, die auch die Dunkelheiten des menschlichen Lebens aushält. Am Ende steht Gottes Liebe zu den Menschen.

Ideen zur Gestaltung

Passion und Ostern mit einem Bodenlegebild erzählen [7]

Für die Gestaltung des Bodenbildes wird benötigt:

- 1 gelbes Tuch (ca. 1/2 Größe eines Betttuches oder entsprechend mehrere gelbe Tücher)
- 2 große, weiße Kerzen
- Blütenblätter aus Filz in Rottönen
- 13-15 Steine
- 1 großer Stein
- 8 goldene Dreiecke oder Vielecke zur Gestaltung einer Krone
- eine dumpf klingende Trommel
- einige Abschnitte von Dornenzweigen (z. B. getrocknete Brombeer- oder Rosenranken) zur Gestaltung einer Dornenkrone
- 2 Tücher in Schwarz oder Braun für Kreuzbalken
- 1 schwarzes Tuch zum Bedecken der Kerze
- 2 schwarze Chiffontücher
- 3 Teelichte mit Glas- oder Holzleuchter

Lied zur Einstimmung: Du verwandelst meine Trauer in Freude

Das gelbe Tuch wird auf dem Boden ausgebreitet.

Viele Menschen haben auf lange auf den Friedenskönig gewartet. Und als Jesus in Bethlehem geboren wurde, da hat der Engel es den Hirten gesagt: Freut euch, denn nun ist er endlich da. Gott kam zu den Menschen.
Eine der beiden großen Kerzen wird oben auf die Querkante gestellt.

Ein Mensch unter Menschen, so kam der Sohn Gottes in die Welt. Er wurde in Bethlehem geboren und er wuchs in Nazareth auf. Und er ließ sich von Johannes im Jordan taufen.
Er hatte einige geheimnisvolle Namen. Einer davon war Immanuel. Das heißt: Gott ist mit uns. Das wünschten sich die Menschen ja so sehr, dass Gott ganz

---

[7] In Anlehnung an eine Idee von: Inge Böhle, „Der Leidensweg des ‚Gott – mit – uns'" aus: Der Kindergottesdienstbrief 1/96, hrsg. von der Arbeitsstelle für Kindergottesdienst der Ev. Kirche in Kurhessen-Waldeck

nah bei ihnen war. Sie kamen gern zu diesem Immanuel, denn Jesus konnte wunderbar von Gott erzählen. Wo auch immer er hinkam, staunten die Menschen. Und wo Jesus war, da kam die Freude in das Leben der Menschen zurück und es ging ihnen ein Licht auf, ein Licht, das Gott zu ihnen gebracht hatte.
Die andere große, weiße Kerze (= Christuskerze) wird an der ersten Kerze entzündet und in die Mitte des gelben Tuchs gestellt.

„Gott ist mit ihm", sagten die Menschen. Sie fühlten es, denn ihre Herzen wurden weit in seiner Nähe. Sie blühten auf. „Er macht unser Leben hell und warm."
Filzblütenblätter auf die vier Ecken des Tuches streuen.

Aber es gab auch solche, die trauten ihm nicht. Sie waren verschlossen. Mit strengen Worten urteilten sie über ihn: „Er stört die alte Ordnung, damit lästert er Gott. Er verführt das Volk."
Steine auf den Außenrand des Tuches legen.

Und sie fassten einen Plan. Jesus sollte sterben.
Schwarz/braune Stoffbahn als Weg (später Längsbalken des Kreuzes) auf das Tuch legen.

Möglichkeit eines Einschnittes

Damals, nach Ostern, haben sich die ersten Christen die Geschichte von Jesus aus der Stadt Nazareth erzählt. Und die Geschichte seines Weges in Jerusalem begann, als er zum großen jüdischen Fest dorthin kam.
Die Menschen jubelten ihm zu: „Hosianna dem Sohn Davids! Gelobt sei, der da kommt, er kommt im Namen Gottes, er ist der Friedenskönig! Hosianna!" Sie wollten Jesus die Ehre erweisen. Darum legten sie ihre Kleider und Palmenzweige auf den Weg. Wie einen König haben sie ihn in Jerusalem empfangen. Ein König, der auf einem Esel, dem Lasttier der armen Leute, daher kommt.
Einige Blütenblätter und Blätter aus Filz werden auf den Weg gestreut. Die brennende Christuskerze wird am Anfang des Weges darauf gestellt.

Am Abend wollte Jesus mit seinen Freundinnen und Freunden zusammen feiern. An diesem Abend erinnerten sich alle Juden an ein besonderes Ereignis: Gott hatte sein Volk aus dem Land der Knechtschaft in die Freiheit geführt. Und er hatte ihnen versprochen: „Ich bin der Gott, der immer bei euch ist!"

So wie alle Familien feierten sie das an diesem Abend und erinnerten sich an den Tag, an dem Gott sein Volk aus der Knechtschaft führte.
Die brennende Christuskerze wird ein Stück weiter gerückt. Dazu wird ein Brot gelegt.

So wie damals teilten sie das Brot. Jesus nahm das Brot, dankte Gott, seinem Vater, brach das Brot und verteilte es an seine Jünger. Aber dann sagte er etwas, das verstanden seine Jünger nicht: „Nehmt dies Brot, es ist mein Leib. Ich gehe für euch in den Tod. Esst dieses Brot und erinnert euch an mich!"
An dieser Stelle kann mit den Kindern Brot geteilt werden.

Später am Abend gingen sie hinaus in den Garten Getsemane. Jesus nahm nur drei von seinen Freunden mit. Einer von ihnen war Petrus. Jesus war sehr traurig, er ging ein Stück allein weiter und betete: „Vater im Himmel, es ist so schwer, was nun geschehen wird." Jesus weinte.
Ein schwerer Stein wird auf den Weg gelegt.
Als er zurück zu Petrus und den anderen beiden kam, da schliefen sie alle. Ganz allein ging er wieder und betete: „Vater, wenn es dein Wille ist, dann soll es geschehen."
Dann ging Jesus zurück zu den Jüngern.
Mitten in der Nacht kamen Männer, sie waren mit Schwertern und Stangen bewaffnet. Sie fesselten Jesus und führten ihn fort zum Verhör in den Hof des Hohenpriester.
Um die Christuskerze wird eine Kordel geknotet, die Kerze wird ein Stück weiter gerückt.

Dort im Hof waren viele Menschen. Sie standen auf und sagten Dinge über Jesus, die nicht wahr waren. Er war ganz allein.
Bei jeder Anschuldigung wird ein Stein hart auf den Boden gelegt. Sie liegen dicht um die Kerze herum.
Sie beschuldigten ihn hart. „Er hat Menschen die Sünden vergeben. Das darf nur Gott allein." – „Er bringt Unruhe in das Volk. Er macht die Menschen ganz verrückt." – „Er hat sich mit Frauen an einen Tisch gesetzt." – „Er hat mit den Kindern geredet, obwohl die noch nichts wert sind." – „Er stellt unsere alte Ordnung auf den Kopf." – „Am unserem Feiertag hat er Menschen geheilt. Wo es uns doch verboten ist, an diesem Tag zu arbeiten." Und es war noch viel mehr, was sie Jesus vorwarfen. Jesus aber war still und sagte kein einziges Wort.
Dann fragte ihn der Hohepriester: „Jesus, wer bist du? Bist du der Messias, der von Gott kommt, der Friedenskönig, auf den wir warten?"
Und Jesus antwortete: „Ja, ich bin es."

Da zerriss der Hohepriester Kaiphas seine Kleider *(ein altes Stück Stoff zerreißen)* und rief: „Er lästert Gott, er ist des Todes schuldig." Und alle stimmten zu.
Eine schwarz-braune Stoffbahn wird als Querbalken des Kreuzes über das gelbe Tuch gelegt.

Nach dem Verhör brachten sie Jesus zu Pilatus, dem römischen Stadtherren. Nur der konnte das Urteil aussprechen. Noch vor dem großen Fest sollte Jesus tot sein.
Christuskerze auf die Kreuzung zwischen Längs- und Querbalken setzen.

Pilatus fragte Jesus: „Bist du der König der Juden?" Und Jesus antwortete ganz kurz: „Du sagst es!" Sonst sagte er nichts zu seiner Verteidigung.
Aus acht goldenen Dreiecken oder Vielecken wird um die Kerze herum eine Krone gelegt.

Jedes Jahr vor dem Fest konnte Pilatus einen Gefangenen freilassen, den das Volk sich wünschte. So war es üblich. Pilatus fragte also das Volk: „Wen soll ich freigeben, den König der Juden?" Da riefen viele: „Nein, Jesus soll sterben! Kreuzige ihn!"
Einige Steine werden vom Rand um die Krone und die Christuskerze gelegt.

Da ließ Pilatus Jesus von seinen Soldaten schlagen und gab den Auftrag, ihn zu kreuzigen. Die Soldaten verspotteten Jesus und setzten ihm eine Krone von Dornen auf.
Über die Krone werden einige Abschnitte von Dornenzweigen zur Gestaltung einer Dornenkrone gelegt.

Dann, am Tag vor dem großen Fest der Befreiung aus der Sklaverei, legten sie ihm das Kreuz auf, führten ihn zur Stadt hinaus, zum Ort des Todes, den sie Golgatha, Schädelstätte nennen.
Sie schlugen ihn ans Kreuz und stellten es auf. Viele verspotteten ihn: „Na, bist du nicht der Immanuel, Gott ist mit dir? Dann hilf dir selbst, dann hilft dir Gott." Und die Soldaten nahmen sein Kleid und würfelten darum.
Einige Trommelschläge auf einer dumpfen Trommel erklingen dazu.

Als die Mittagszeit vergangen war, wurde es ganz finster im ganzen Land. Und um die neunte Stunde des Tages schrie Jesus laut: „Eli, Eli, lama asabtani!" Das heißt: „Mein Gott, mein Gott, warum hast du mich verlassen–?" – und starb.
Die Kerze in der Mitte wird ausgepustet.

Joseph von Arimathäa, ein Mann, der auch zu denen gehörte, die auf das neue Leben Gottes gehofft hatten, sorgte dafür, dass Jesus vom Kreuz genommen und in Leinentücher gewickelt wurde. Er legte den toten Jesus in ein Felsengrab. Ein großer Stein verschloss den Eingang.
Die Kerze in der Mitte wird in ein weißes Tuch gewickelt, ein dunkles Tuch wird als Grab darüber gedeckt, der schwere Stein wird davor gelegt.

Einige Frauen hatten gesehen, wohin sie ihn gelegt hatten.
Drei Leuchter werden mit nicht angezündeten Teelichten unterhalb des Querbalkens gestellt. Dann wird das gelbe Tuch mit zwei schwarzen Chiffontüchern abgedeckt.

Alle Wärme, alles Licht war dahin. Ihre Hoffnung lag tot. Kein Vogel sang, kein Wind wehte. Sie fühlten sich wie erstarrt.

An dieser Stelle können die ersten Verse des Liedes vom Friedenskönig Jesus gesungen werden.

Dann, am ersten Tag der neuen Woche, kauften die drei Frauen Salben und Öl. Sie gingen zum Grab, sehr früh, als die Sonne aufging.
Die zwei schwarzen Chiffontücher werden abgenommen, dann werden die drei Leuchter in Richtung des Grabes bewegt.

Maria von Magdala, Maria, die Mutter des Jakobus und Salome, so hießen diese Frauen. Und während sie noch traurig gingen und überlegten: „Wer wird uns den schweren Stein vom Grabeingang wälzen“, sehen sie, dass das Grab ist offen ist. Der große, schwere Stein ist fortgewälzt.
Stein wegnehmen, die große erste Kerze wird neben den Grabeingang gestellt.

Die Frauen hören eine Stimme. Ein Bote Gottes, ein Engel spricht zu ihnen: „Fürchtet euch nicht! Ihr sucht Jesus von Nazareth, den Gott-mit-uns. Er ist auferstanden, er ist nicht hier. Sagt es allen, denen er Licht und Wärme gebracht hat. Er ist vorausgegangen nach Galiläa. Dort wartet er auf euch.“
Die drei Frauen gehen vom Grab weg. Sie erzählen es weiter. Sie sind die ersten, aber nach ihnen kommen viele, die es auch weitererzählen: Jesus war tot und ist wieder lebendig geworden. Gott hat den Friedenskönig nicht allein gelassen. Seht das Osterlicht, Gott ist stärker als der Tod.
Die erste große Kerze wird auf die Mitte gestellt. Einige Filzblütenblätter werden kreisförmig über die Dornenkrone in der Kreuzmitte gelegt.
Und so ist es bis heute: Jesus ist der Friedenskönig, den Gott zu uns geschickt hat.

Wenn wir von ihm hören, dann können wir uns freuen. Gott ist uns ganz nah, auch wenn es dunkel um uns herum ist, er bleibt an unserer Seite. Jesus hat es uns ganz fest versprochen: „Ich bin bei euch, an jedem Tag, heute, morgen und alle Tage, die kommen."
Die drei Leuchter werden an der großen Kerze entzündet und wieder unterhalb des Querbalkens gestellt.

Lied: Oster-Mutmach-Lied

Lieder

Lied vom Friedenskönig Jesus

Text: U. Walter; Musik: R. Horn
aus: Buch/CD „Mit dem Friedenskreuz durch das Kirchenjahr

2. Strophe
Wie ein König reitet Jesus
auf einem Esel ein,
als Zeichen für sein Friedensreich
lädt er zur Liebe ein.

3. Strophe
Wie ein Hirte leidet Jesus,
der Weg ans Kreuz ist schwer.
Und vielen, die auf ihn vertraut,
erscheint ihr Leben leer.

4. Strophe
Wie ein König wandelt Jesus
in einem neuen Licht.
Des Engels gute Botschaft heißt:
Gott hat den Tod besiegt.

5. Strophe
Wie ein Hirte und ein König
geht Jesus uns voran;
und hier und da fängt heut schon
der Friede Gottes an.

Das Osterlied

Text: R. Krenzer; Musik: R. Horn
aus: Buch/CD-Paket Bibel-Hits

Geschichten

Maria erzählt von Ostern

Als Jesus starb, da waren fast alle seine Freunde aus Angst geflohen. Aber es waren einige Frauen, die bei Jesus geblieben sind. Hört die Geschichte von Maria aus Magdala:

Am Abend, als Jesus gestorben war, kam Josef, ein Mann des Hohen Rates aus Arimathäa. Pilatus hatte ihm erlaubt, Jesus in der Tradition seines Volkes zu bestatten. Wir folgten den Männern, die den Leichnam Jesu vom Kreuz holten. Sie hatten ihn in ein Tuch gehüllt und trugen ihn in ein Felsengrab. Und da stand bei uns Frauen der Entschluss fest: Nach dem Sabbat werden wir hierhin zurückkehren.

Wir gingen zurück und bereiteten Öle und Salben vor, um dem toten Jesus die letzte Ehre zu erweisen. Wir waren sehr traurig. Immer wieder fragte ich mich: Ist nun wirklich alles aus? Nur das Grab war uns geblieben. Es war das einzige, was wir noch tun konnten: Wir wollten Jesus ein ehrenvolles Begräbnis bereiten. Wir wollten seinen Leichnam so versorgen, wie es in unserem Land üblich ist. Und dann waren wir auch wütend: Das ist unglaublich! Jesus hat niemand Unrecht getan; die Menschen haben ihn getötet, obwohl er unschuldig war!

Und so machten wir uns vor Sonnenaufgang auf den Weg. Ich holte die andere Maria und Salome ab. In einem Korb trugen wir alles, was wir brauchten. Nichts war vergessen. Es war dunkel, und wir sprachen kein Wort. Uns allen lag ein schwerer Stein auf dem Herzen. Ich schaute kaum auf, und meine Kehle war wie zugeschnürt. Aber die Blicke der anderen beiden sagten mir: Da ist noch ein großer Steinblock im Weg. Er versperrt uns den Zugang zur Grabhöhle. Salome sprach aus, was wir alle dachten: „Wer rollt uns den Stein vom Eingang des Grabes?“

Da ging die Sonne auf. Das Dunkel der Nacht wich aus dem Garten, in dem die Grabhöhle lag. Und dann, als ich aufblickte, da sah ich es: Der Stein ist fort, der Eingang zum Grab ist frei. Wir schauten uns an und gingen langsam auf das Grab zu. An den Händen gefasst gingen wir hinein. Es war dunkel und feucht.

Plötzlich, was war das? Aus dem Dunkel leuchtete uns ein helles Licht entgegen. Ein junger Mann saß dort, ein Bote Gottes. Er sprach uns an: „Fürchtet euch nicht! Ihr sucht Jesus von Nazareth, den sie gekreuzigt haben. Er ist auferstanden! Er ist nicht hier.“ Ich werde diese Worte nicht vergessen. Damals konnte ich sie kaum verstehen, ich war so erschrocken. Im Hinauslaufen hörte ich ihn noch deutlich sagen: „Hört mir zu! Geht schnell zu den anderen Jüngern. Sagt ihnen: Jesus geht euch voran nach Galiläa. Ihr werdet ihn sehen, er hat es euch versprochen.“

Das war zu viel für uns. Zitternd vor Furcht liefen wir davon. Nur weg von

hier! Erst am Abend kamen wir langsam wieder zur Besinnung. Sollte das wahr sein? Jesus lebt? Werden wir ihn sehen? Und dann erinnerten wir uns an die Worte des Engels: „Geht zu den Jüngern und sagt es ihnen: Jesus wartet auf euch in Galiläa."
Wir Frauen sind die ersten gewesen, die die neue Wahrheit erfahren haben: Das Leben ist stärker als der Tod. Gott hat Jesus von den Toten auferweckt. Damals war das für uns unfassbar. Aber immer mehr haben es erfahren: Jesus ist auferweckt von den Toten, er begegnet uns, seinen Jüngerinnen und Jüngern. Er ist in unserer Mitte, wenn wir uns von ihm erzählen und wenn wir Brot und Wein miteinander teilen.

Emmausgeschichte
„Was soll nur aus uns werden?" Die Frauen und Männer, die mit Jesus gegangen sind, wissen keinen Rat. Drei Tage ist Jesus nun schon tot. Sie sind zusammen in einem Haus in Jerusalem. Sie haben Angst, die Türen und Fenster sind fest verschlossen.
Zwei von ihnen halten es nicht mehr aus. Um die Mittagsstunde brechen sie auf und verlassen Jerusalem. Sie sind auf dem Weg in ein kleines Dorf, etwa zwei Stunden Fußweg ist es bis dorthin. Das Dorf heißt Emmaus.
Immer wieder schauen sie zurück nach Jerusalem. Sie gehen nebeneinander her. Sie sprechen miteinander über alles, was geschehen ist. Sie können es nicht begreifen. „Jesus ist tot, ist nun alles aus und vorbei?" „Und wir haben so große Hoffnung gehabt. Wir haben geglaubt, er ist der Friedenskönig, den Gott uns geschickt hat." So gehen sie eine ganze Weile.
Da gesellt sich ein Mann zu ihnen. Er begleitet sie auf ihrem Weg. Es ist Jesus, aber sie erkennen ihn nicht. Sie haben keinen Blick für ihn, ihre Trauer ist zu groß. Ihre Augen sind gehalten. Für sie ist es ein Fremder. Er geht neben ihnen her und hört ihnen lange zu.
Nach einer Weile fragt er sie: „Worüber sprecht ihr die ganze Zeit? Was macht euch so traurig?" Die beiden bleiben stehen. Und Kleopas, einer von ihnen, schaut ihn mit großen Augen an. „Wie, du weißt nicht, was in Jerusalem passiert ist?" „Erzählt, was geschehen ist!", sagt da der Fremde.
Und da sprudelt es nur so aus ihnen heraus: „Ja, das mit Jesus von Nazareth! Wir dachten, dass Gottes Geist mit ihm war!" „Er hat uns von Gottes Liebe erzählt. Und er hat uns gezeigt, wie gut Gott es mit den Menschen meint. Obwohl wir kleine Leute sind, er hat uns ernst genommen. Wo er in die Häuser der Menschen kam, da wurde das Leben neu. Die Kranken kamen zu ihm und er hat sie geheilt. Mit den Traurigen hat Jesus gesprochen und sie sind froh geworden. Und alle, die hungrig waren, wurden satt an Leib und Seele, von dem Brot, das er ihnen gab. Und auf dem Weg nach Jerusalem hat er einem Blinden das Augenlicht wiedergeschenkt."

Da stockt ihr Bericht. „Aber nun ist alle Hoffnung begraben. Er ist tot, sie haben ihn gekreuzigt wie einen Verbrecher. Dabei hat er nur Gutes getan. Wir haben gedacht, er ist unser Friedenskönig." Kleopas hält inne. Sein Freund spricht weiter: „Vor drei Tagen ist das geschehen. Und nun, stell dir vor, heute früh kamen die Frauen zu uns. Sie haben das Grab von Jesus besucht. Ganz aufgeregt waren sie. Das Grab ist leer, haben sie gesagt, und sie haben uns von einem Engel Gottes berichtet. Er hat gesagt, dass Jesus lebt. Was sollen wir davon nur halten, wir wissen es nicht."

Der Fremde schaut sie an und sagt: „Habt ihr es denn nicht begriffen? Glaubt ihr nicht, was die Propheten über den Friedenskönig gesagt haben? Wenn Jesus der Retter der Menschen ist, musste er dann nicht leiden und sterben und auferstehen? Alle Welt soll es sehen: Jesus ist der Friedenskönig, er ist stärker als der Tod." Und er erzählt ihnen von Gottes Geschichte mit seinem Volk. Wie lebendig das auf einmal vor ihren Augen ist. Er erinnert sie an die Zeichen der Hoffnung in allem Leid, von Heilung und neuem Leben, wo alles vorbei schien. Menschen, die gelähmt waren, standen auf. Frauen und Männer, die ausgeschlossen waren, fanden zurück in die Gemeinschaft.
„Dieser Jesus, von dem ihr sprecht, ist der, den Gott gesandt hat, der König des Friedens. Was auch geschehen ist, Gott hat es gewollt. Aber er hat Jesus nicht verlassen! Gott ist stärker als der Tod." So hatten sie das noch nie gehört! Gott ist mit den Menschen. Diese Worte haben Kraft. Ein wenig Hoffnung kehrt in ihre Herzen zurück. Aber sie begreifen nicht, dass Jesus selbst es ist, der sie begleitet.
Die Zeit vergeht schnell, schon liegt Emmaus vor ihnen. Der Fremde will sich von ihnen verabschieden. Die beiden Jünger aber sind erschrocken. Sie möchten ihn nicht loslassen und sagen: „Nein, du darfst jetzt nicht gehen. Bleibe bei uns! Es ist Abend geworden, gleich wird es dunkel."
Der Fremde schaut sie an und sagt: „Ich gehe mit euch und bleibe bei euch." Miteinander gehen sie in das Haus des Kleopas. Müde und hungrig sind sie. Sie setzen sich zu Tisch, um zu essen. Da nimmt der fremde Gast das Brot, ganz selbstverständlich, als wäre er der Gastgeber. Er nimmt das Brot, hält es hoch und spricht das Dankgebet. Dann bricht er das Brot und gibt den beiden davon. Sie nehmen das Brot in ihre Hand, schauen ihn an.
Da endlich sind ihre Augen geöffnet. „Jesus, du bist es, du selbst bist zu uns gekommen!" Sie essen von dem Brot und spüren die Kraft. Und als sie aufschauen, ist Jesus ist nicht mehr bei ihnen am Tisch. Aber ihr Herz ist wieder froh.

An dieser Stelle wird das Lied: „Du verwandelst meine Trauer in Freude" gesungen.

Kleopas und sein Freund sitzen am Tisch. In den Händen halten sie noch ein Stück von dem Brot, das Jesus ihnen gegeben hatte. Kleopas fragt: „Wie kann das geschehen? Den ganzen Weg war er mit uns, aber wir haben ihn nicht erkannt?“ „Dabei haben mich seine Worte so berührt. Wie er mit uns sprach, das hat mir so gut getan.“ „Ja, was er gesagt hat, das hat mein Herz froh gemacht.“ Sie stehen auf. „Wir gehen zurück nach Jerusalem!“ „Die anderen sollen es auch erfahren, Jesus lebt, er ist auferstanden!“
Spät in der Nacht kommen sie in Jerusalem an. Alle sind noch da, die Jünger und die Frauen und Männer, die mit Jesus gegangen waren. In dieser Nacht gibt es viel zu erzählen.
Und immer wieder rufen sie einander zu: „Christus ist auferstanden, er ist wahrhaftig auferstanden!“ Sie teilen das Brot, so wie Jesus es ihnen gezeigt hatte. Und sie spüren: Er ist bei uns. Jesus, der Christus, er ist stärker als der Tod.

An dieser Stelle kann das Lied: „Du schenkst uns das Brot“ gesungen werden.

Wenn uns Gottes Geist lebendig macht

Pfingsten

Einführung

Heiliger Geist

Wenn wir mit Kindern unvermittelt über das Thema Geist sprechen, dann werden wir nicht ganz unerwartet schnell in der Kategorie Gespenster landen. Das liegt sicherlich daran, dass viele Kinder mit den anderen Bedeutungen des Wortes in ihrer Lebenswelt noch keine Erfahrungen gemacht haben. Vermutlich braucht es eine konkrete anschauliche Geschichte, um Zugänge zu den pfingstlichen Bedeutungen zu bekommen.
Das folgende Kapitel beginnt mit einem schwierigen Begriff und endet in der elementaren Konkretisierung der Pfingstgeschichte. Auf diese Weise können erste Zugänge zum Heiligen Geist für Kinder gefunden werden, an die sie später anknüpfen können. Dabei soll nicht verschwiegen werden, dass auch das Pfingstfest und mit ihr verbunden die Pfingstgeschichte nicht gerade zu den einfachen Themen in der Tageseinrichtung für Kinder gehören.

Der Heilige Geist – Annäherungen an einen schwierigen Begriff
Im Alten Testament ist es das hebräische Wort „ruach“, im Neuen Testament ist es das griechische Wort „pneuma“, die in der deutschen Bibelübersetzung mit ‚Geist' übersetzt werden. Beide Worte bedeuten soviel wie „Wind“ oder „Hauch“.
In der Schöpfungsgeschichte wird Gottes Geist, sein Lebensatem, als seine schöpferische Kraft angesehen. Am Anfang „schwebt der Geist Gottes“ über dem Tohuwabohu, dem Chaos. Und in der zweiten Erzählung der Schöpfung wird berichtet, wie Gott dem Menschen den Geist, den Lebensatem (Odem), schenkt und ihm damit Lebenskraft gibt. Gottes Geist ist also von Anfang an da, noch mitten im Chaos. Er ist die Kraft, die ins Leben, in das Dasein ruft, und die Schöpfung fängt mit ihm an. Und so geht es weiter in der Bibel. Sie erzählt vom Wirken des lebendigen Geistes Gottes in Bildern: Er ist wie Feuer, Sturm oder ein leises Säuseln.
Im Miteinander der Menschen untereinander ist der Geist die Kraft, damit sie

einander verstehen. Er gibt Mut und Kraft, das Leben zu gestalten und nach Gottes Willen zu leben. Gottes Geist gibt jedem, was er braucht, um seinen Auftrag zu erfüllen.
Am Ende des Alten Testamentes, beim Propheten Joel, steht die Verheißung, dass Gottes Geist einmal alle Menschen seines Volkes erreichen wird. Die Christen haben das später in der Pfingstgeschichte aufgenommen, der Heilige Geistes wird über alle Menschen der Erde ausgegossen.
Das Neue Testament erzählt davon, dass Jesus vom Geist Gottes erfüllt wurde. Bei der Taufe kommt Gottes Geist wie eine Taube herab zu Jesus. Und als Jesus zu Gott zurückkehrt, lässt er seine Anhänger nicht allein, er verspricht ihnen den Heiligen Geist Gottes. Mit dieser Kraft können sie Jesu Spuren nachfolgen und in seinem Namen sein Werk weiterführen. Gottes Geist, sein Lebensatem, ist es, der Menschen zur Umkehr bewegt und zum Glauben ruft. In diesem lebendigen Geist ist neues Leben und er schenkt die Gewissheit, dass Jesus, der Auferstandene da ist.

In der alten Tradition unserer Kirche ist es darum allein der Geist Gottes, der uns die Schriften der Bibel verstehen lässt. Und wenn die Bibel vom Heiligen Geist redet, geht es um nichts Geringeres als um die Kraft des Lebens. Der Heilige Geist wird im Glaubensbekenntnis als dritte Weise bekannt, in der Gott sich uns Menschen erschließt. Das Symbol des Geistes sind die Taube, aber auch das Feuer und der Wind.
Die Jüngerinnen und Jünger Jesu haben Gottes Geist an Pfingsten so erlebt. In dem Brausen des Windes und den Flammen spürten sie: Gottes Kraft ist mit uns. Die Angst und die Lähmung, in die sie nach dem Tod Jesu geraten waren, nun war sie vorbei. Nachdem alle ihre Hoffnungen auf den Friedenskönig begraben schienen, erwachte der Traum von einer besseren und friedvollen Welt in ihnen aufs Neue.
Aber können wir den Heiligen Geist verorten? Er weht, wo er will, und wir können ihn nicht festhalten. Auf vielen Darstellungen der Pfingstgeschichte sehen wir das Brausen des Windes an den wehenden Kleidern der Jünger und wir erkennen die Feuerzungen auf ihren Köpfen.
Vielleicht lässt sich der Heilige Geist aber finden, wo wir ihn nicht festhalten wollen. Wo ein frischer Wind durch unser Leben weht und Menschen ohne Angst loslassen und Neues wagen. Wo auf einmal eine funkende Idee im Raum ist, und Menschen sind angesteckt. Wo Menschen einander in die Augen schauen und neu verstehen.

Pfingsten

Von solchen Erfahrungen erzählt Lukas in der Apostelgeschichte. Dieses unanschauliche Geschehen, das dort in Jerusalem zur Zeit des ersten Erntefestes passiert, wird anschaulich durch den Ort der Geschichte. Ein Haus, in dem die Jüngerinnen und Jünger Jesu an einem Ort zusammen waren. Wir wissen, dass in diesem Haus nicht nur Zuversicht herrschte, da war auch viel Angst, Enge und Einsamkeit, obwohl die Jünger und Jüngerinnen nicht allein waren. Ein Haus braucht Türen und Fenster, damit die Menschen, die darin leben, Kontakt nach außen haben können, sonst wird es zum Schneckenhaus, aus dem sich niemand herauswagt. Die Bürger von Schilda haben außerdem schmerzlich erfahren: Fenster lassen das lebensnotwendige Licht herein. Ein von Licht durchflutetes Haus strahlt anderes aus als eine düstere Behausung. Ein Haus, das weit ist, in dem ich frei atmen kann, vertreibt Angst, macht Mut zum Aufbruch und lässt mich hinausgehen; denn ich kann ja wiederkommen. Die Schwelle der Tür, die ich überschreite, hat Bedeutung beim Gehen und beim Heimkommen.

Wenn man das zweite Kapitel der Apostelgeschichte im Blick auf das Symbol Haus betrachtet, sind zwei Stellen von Bedeutung: die Verse 1-4 und Vers 46. In den ersten vier Versen erfahren wir etwas über die Öffnung des Hauses. Zunächst ist es ein Ort der Zuflucht und des Rückzuges. Die Menschen, die sich dort versammelt haben, haben nicht die Kraft aus sich selbst, aus diesem Haus herauszugehen. Aber auch wenn Fenster und Türen fest verschlossen waren, Gottes Kraft erfüllt das ganze Haus mit dem Feuer seines Geistes. Das muss von außen kommen in dieses düstere Haus. Und dann wird es hell, den Jüngern geht ein Licht auf oder anders gesagt: Gott steckt ihnen ein Licht auf. Und der lebendige Geist Gottes verändert das Haus. Es wird ein Haus voller Begeisterung, die andere ansteckt. Die Menschen, die sich dort versammelt haben, bekommen Mut. Sie machen Türen und Fenster auf, und machen sich auf den Weg nach außen. Am Ende des Kapitels zeigt sich die Auswirkung solcher Öffnung. Ein lebhafter Austausch findet zwischen den Häusern der kleinen, aber doch schon so großen Gemeinde in Jerusalem statt. Aufbruch und Einkehr ermöglichen ein neues Leben miteinander im Geiste Jesu Christi.
Was ist das für ein Haus, in dem sich die Frauen und Männer versammelt haben, die mit Jesus waren? Wie verändert es sich im Laufe der Geschichte? Wie sieht das von außen aus bei den Festbesuchern und wie von innen bei den Anhängern Jesu? Wie war es, hinein und hinaus zu kommen, vor der Ausgießung des Geistes und danach? Wer durfte über die Schwelle treten? Was bedeutete für Petrus der Schritt über die Schwelle? Mit diesen Fragen im Hintergrund sind die folgende Geschichte und ein Bodenbild dazu entwickelt.

Ideen zur Gestaltung

Pfingsten – Gottes guter Geist bringt frischen Wind (Erzählung mit Bodenlegebild)

1. Ein verschlossenes Haus
Rote Tücher als Untergrund.
Stellt euch vor, wir sind mitten in der großen Stadt Jerusalem.
Viele Straßen und Gassen führen hinauf zum Tempel.
Ein Fest wird vorbereitet.
Menschen aus vielen Ländern sind gekommen, um zu feiern,
sie stammen aus Persien im Osten und dem fernen Rom im Westen.
Viele Sprachen werden gesprochen, ein buntes Stimmengewirr klingt durch die Gassen.
Aber dort steht ein Haus, da feiert wohl niemand.
Alle Fenster sind fest geschlossen, die Tür ist fest verriegelt.
aus Bauklötzen wird ein Hausumriss gelegt
Wie mag es in diesem Haus aussehen?
Dunkel ist es darin. Und die Menschen, sie sind ängstlich und traurig.
12 Leuchter mit Teelichten im Kreis im Haus aufstellen.
Ein schwarzes Chiffontuch darüber decken.
Es sind Frauen und Männer, die mit Jesus gegangen sind.
Nun ist er nicht mehr bei ihnen. Aber er hat versprochen:
Gottes guter Geist wird kommen und ich werde für immer bei euch sein.
Aber sie warten schon so lange!

An dieser Stelle kann gesungen werden: Das wünsch ich sehr.

2. Gottes Geist öffnet Fenster und Türen
Plötzlich geschieht etwas.
Alle Türen sind geschlossen, und doch weht ein warmer Wind durch das Haus.
Chiffontuch abnehmen.
Die Jüngerinnen und Jünger schauen sich an: „Was ist das?“
Brennende große Kerze hineinstellen.
Es wird ganz hell und auf ihren Köpfen erscheint etwas.
Es sieht aus wie kleine Lichterfunken.
Die 12 Teelichte entzünden.
Und auf einmal kommt die Freude zu den Menschen in dieses Haus zurück.
Die Dunkelheit ist vertrieben.
Und sie stehen auf, machen Türen und Fenster weit auf und singen:
Jesus lebt! Er ist bei uns, freut euch mit uns!

Aus einigen Klötzen eine Tür legen, Leuchter in kleinen Gruppen oder als Sterne um das Haus legen.

3. Ein Haus voller Leben lädt zum Feiern ein

Draußen sind die Leute zusammengelaufen.
Etwas Besonderes ist in diesem Haus geschehen!
Bunte Tücher werden um das Haus gelegt, dazu können viele Kegelpüppchen in und um das Haus gestellt werden.
Petrus steht in der Tür und erzählt es allen:
„Ihr könnt euch mit uns freuen,
lasst euch anstecken von uns und wundert euch nicht!
Jesus lebt bei uns, Gottes Geist ist mit uns!
Und ihr seid alle eingeladen, zu Jesus zu gehören.
Damals ist er zu Zachäus ins Haus gegangen,
heute ist er bei uns eingekehrt und schenkt neues Leben."
Viele Menschen lassen sich taufen in diesen Tagen.
Sie wollen auch zu Jesus gehören.
Sie nehmen seinen guten Geist mit in ihre Häuser.
Da wird es ganz hell bei ihnen.
Wo Gottes Geist frischen Wind bringt, da werden Häuser lebendig.

An dieser Stelle können die Kinder aus Zuckerkreide. Häuser malen und rund um das Bodenbild stellen. Kurze Seile können den Weg zu diesem Haus darstellen.
Auf dem Foto ist eine andere Möglichkeit zu sehen: Vom Bild aus haben Kinder viele bunte Tücher ausgelegt, mit denen sie beim Lied „Atmen wir den frischen Wind" sich gegenseitig Wind zugefächelt haben.

Liedvorschlag: Atmen wir den frischen Wind

Ich glaube
Ich glaube an Gott, Vater und Mutter aller Menschen;
alles was ist, Erde und das Weltall, ist seine Schöpfung.

Ich glaube an Jesus, den Christus.
Von Maria geboren, ist er auf die Erde gekommen, der Sohn Gottes.
Er hat dem Menschen von Gottes Liebe erzählt,
er hat sie gesund gemacht und ihnen ein neues Leben gezeigt;
so hat er uns Gottes Reich der Liebe aufgetan.
Unschuldig ist er am Kreuz gestorben;
doch Gott hat ihn von den Toten auferweckt,
damit wir durch ihn neues Leben geschenkt bekommen.

Ich glaube an den Heiligen Geist,
den Atem Gottes, der uns lebendig macht,
er begeistert uns für ein Leben in Gottes Namen
und zeigt uns gute Wege für unser Leben.

Auf den Namen Gottes bin ich getauft;
und ich gehöre zu seiner großen Familie.
Ich bin verbunden mit allen Kindern Gottes rund um den Erdball.
Amen

Lieder

Lied: Atmen wir den frischen Wind

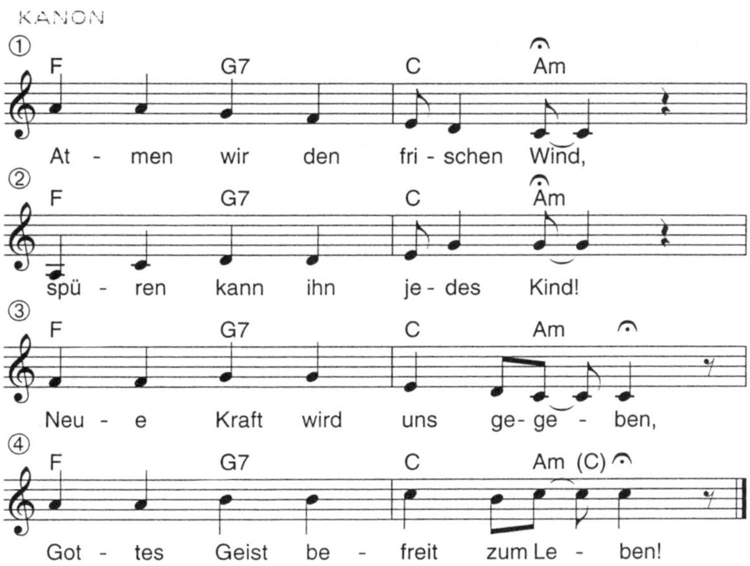

Text: E. Bücker
Musik: R. Horn
aus:
Buch/CD-Paket „Bibel-Hits"

Bewegungen zum Lied:

1. Zeile	mit beiden Armen eine schöpfende Bewegung vom Boden zur Nase machen
2. Zeile	den Kindern links und rechts die Hände reichen
3. Zeile	mit erhobenen Armen die eigene Stärke zeigen
4. Zeile	beide Arme und Hände zeigen nach oben

Geschichten

(Die Pfingstgeschichte findet sich oben unter den Ideen zur Gestaltung.)

Im Namen Jesus Christi, steh auf!

Petrus und Johannes machen sich auf den Weg hinauf zum Tempel. Sie haben viel zu tun in Jerusalem. Täglich kommen neue Menschen zu ihnen und bitten um Aufnahme in die Gemeinde Jesu Christi. Noch vor einigen Wochen hätten sie das nicht zu träumen gewagt. Aber gerade darum brauchen sie die Zeit des Gebetes im Tempel. Zur Ruhe finden und Gott danken, dort können sie das.

Sie sind noch ganz in Gedanken, als sie an das Tor kommen, durch das es in den Innenbereich des Tempels geht. Dieses Tor wird das „Schöne Tor" genannt. Einige Meter vor dem Tor sitzt ein Bettler. Offensichtlich ist er gelähmt. Er ist einer von jenen, die jeden Tag von der Familie hierher getragen werden. Viele Menschen kommen auf ihrem Weg in den Tempel hier vorbei. Es ist ein guter Platz, um sie beim Kommen und Gehen um ein Almosen zu bitten. Was sollen sie sonst auch tun? Wer hier sitzt, hat längst alle Hoffnung begraben. Sie leben mehr schlecht als recht von den kleinen Münzen, die ihnen achtlos im Vorübergehen zugeworfen werden. Schon oft haben Petrus und Johannes über die Bettler in Jerusalem gesprochen. Und dabei haben sie sich natürlich an die Zeit erinnert, als sie mit Jesus durch die Dörfer gegangen sind. Immer wieder haben sie es erlebt, in seiner Gegenwart konnte es geschehen: Einer, den alle schon abgeschrieben hatten, bekam sein Augenlicht wieder. Und eine andere wurde von Jesus von ihrer ganzen Last befreit. Er richtete sie auf.

Diese Erinnerungen kommen Petrus auch heute beim Anblick des Gelähmten. Fast wie von selbst gleitet seine Hand in den Geldbeutel und sucht nach einigen Münzen. Doch da ist etwas, das ihm sagt: Nein, so geht das heute nicht! Er zieht die Hand wieder aus dem Beutel und bleibt vor dem Gelähmten stehen. Der sitzt da, die Hand zum Betteln ausgestreckt, und er schaut zu Boden. Auch Johannes bleibt stehen.

Petrus spricht den gelähmten Menschen an: „Sieh uns an!" Er wundert sich

selbst über seinen Mut. „Wenn er nun tatsächlich aufschaut, was wird geschehen? Vielleicht hofft der nun, dass ich ihm helfen kann! Und wenn ich ihn enttäusche?“, denkt Petrus.
Langsam wendet der Gelähmte sein Gesicht dem Petrus entgegen. Ihre Blicke begegnen sich. Petrus hat den Mut, er schaut diesem Menschen in die Augen. Und er sieht, der ist traurig und enttäuscht. Oder leuchtet da noch ein kleiner Funke Hoffnung?
Sehr vorsichtig macht der Gelähmte eine Bewegung mit der Hand, so als wollte er sagen: „Nur zu, ich erwarte etwas von euch!“
Petrus streckt ihm die leeren Hände entgegen. „Gold und Silber habe ich nicht, da kann ich dir nicht mehr geben als die anderen, das übliche Kleingeld. Aber ich habe Besseres für dich!“
Und mit fester Stimme spricht er zu dem Gelähmten:
„Im Namen Jesu Christi, steh auf und geh umher!“ Das kostet ihn seine ganze Kraft. Und dann, dann spürt er es: Der Gelähmte hat es begriffen. Er stützt sich auf und streckt ihm seine Hand entgegen. Petrus ergreift seine Hand und richtet ihn auf. Er stellt ihn auf die Beine. Und siehe da, er steht! Die beiden schauen sich in die Augen und umarmen sich.
„Im Namen Jesu Christi“, murmelt Petrus und der geheilte Mensch in seinen Armen ruft laut: „Gelobt sei Gott, er hat mich heil gemacht!“
Gemeinsam gehen sie die letzten Stufen hinauf in den Tempel. Nun ist das Tor für ihn nicht länger verschlossen. Nun darf er hinein und Gott loben. Aufrechten Ganges betritt er den Tempel. Mögen die anderen denken was sie wollen, laut erklingt sein Lobgebet durch den Tempel. Ja, er traut sich sogar, ein wenig zu springen und zu tanzen. „Gelobt sei Gott, er hat meine Klage in einen Freudentanz verwandelt!“
(Apg 3,1-11)

Auf Gott ist Verlass

Geschichten vom „Ich bin für euch da“

Einführung

Mose und Jona

In diesem Kapitel werden zwei Geschichten entfaltet, die beispielhaft für das Alte Testament vom Gott Israels erzählen. Es sind die Geschichte vom Auszug aus Ägypten und die Jonaerzählung.

Der Auszug aus Ägypten
Die Geschichte vom Auszug eines geknechteten Volkes aus der Sklaverei in Ägypten wird im zweiten Buch Mose (das auch Exodus = Auszug heißt) erzählt. Diese dramatische Geschichte von der Befreiung aus dem Land der Unterdrücker ist verbunden mit der Offenbarung des Gottes der Bibel. Im Rückblick hat das Volk Israel damit von seinem Ursprung erzählt und ihn mit ihrem Gott in Verbindung gebracht.
Bei der Darstellung im Buch Exodus wird man sehr schnell merken, dass diese nicht einheitlich ist. Es gibt verschiedene Versionen derselben Ereignisse, die einander überlagern. Erzählungen sind nachträglich kommentiert oder später locker miteinander verbunden worden. Letztlich ist es der alttestamentlichen Wissenschaft nicht gelungen, das komplette Textgefüge gerade dieses biblischen Buches durchsichtig zu machen und seine Überlieferungsgeschichte aufzuklären.
Wir lernen in dieser Geschichte den Gott der Bibel kennen, der nicht in menschliche Bilder zu fassen ist. Es ist ein Gott, der aus Barmherzigkeit aus seiner Verborgenheit hervortritt und sich seinem Volk (und damit der Welt) zuwendet. Diese Zuwendung erzählt die Bibel konkret in der Befreiungsgeschichte des Volkes Israel. In den Aufbau des Exodusbuches sind zwei Gottesoffenbarungen hineingewoben, die beide an einem Berg, wahrscheinlich beide am Sinai, geschehen sind. Es sind die Berufung des Mose und die Offenbarung des Jahwenamens (Kapitel 3) und die Offenbarung Gottes als Befreier des Volkes Israel und die 10 Gebote (Kapitel 20).

Am Anfang der Auszugsgeschichte steht eine Erzählung, die in einer tiefsinnigen Reflexion das Geheimnis des Gottes Israels beleuchtet. Es ist die Ge-

schichte von der Berufung des Mose. Mose, der, wie es die Legende erzählt, auf wunderbare Weise dem vom Pharao angeordneten Mord an den hebräischen Jungen entgangen ist, wächst am Hof des Pharao als Pflegesohn auf und wird auf diese Weise mit der Kultur Ägyptens vertraut. Doch er erkennt in einem bestimmten Moment die Verbundenheit mit seinem Volk, als er in Wut über die Misshandlung eines Hebräers den prügelnden königlichen Beamten erschlägt. Mose muss fliehen und flieht in die Steppe der Sinai-Halbinsel zu den Midianitern, wo er die Tochter des Priesters Jethro heiratet. Genau zu diesem Zeitpunkt erreicht ihn der Anruf Gottes. Mose soll in das Land zurückgehen, aus dem er geflohen ist. Mit dem Namen Mose wird im Alten Testament nicht nur der Auszug aus Ägypten verknüpft, sondern auch der Bundesschluss und die Offenbarung der Gebote Gottes am Sinai.
Der Name Mose hat ägyptische Wurzeln (vgl. Tuthmosis und Ramses) und seine Heirat mit einer Midianiterin weist darauf hin, dass er auch mit den Nomadenstämmen der Sinai-Halbinsel zu tun gehabt hat und möglicherweise eine führende Gestalt beim Auszug und bei der Wüstenwanderung war. Vorstellbar ist eine Vermittlung des Jahweglaubens vom Sinai nach Ägypten durch Midianiter, ein Nomadenvolk, das Israel beim Auszug unterstützt haben könnte. Ohne Kontakt zu solchen Nomadenstämmen wären wahrscheinlich auch die Flucht eines Volksstammes aus Ägypten und der beschwerliche Weg durch die Wüste nicht möglich gewesen.

Die Erzählung von der Berufung des Mose hat einen langen Entstehungsprozess hinter sich. Es sind zwei selbständige alte Erzählwerke, die hier miteinander verwoben sind: das jahwistische Geschichtswerk (J) und die Erzählung des Elohisten (E), die von späteren Redaktoren verbunden und überarbeitet wurden. In diese Überlieferung wurde später noch eine priesterliche Grundschrift (Priesterschrift – P) hineingeflochten, die der gesamten Überlieferung der ersten 5 Bücher Mose einen theologischen Leitfaden gab. Wir haben es also mit einem vielschichtigen, in langen Prozessen gewachsenen Textzeugnis zu tun, aus dem mehrere Stimmen klingen. Jedoch sollte bei der Analyse einzelner Stimmen der Zusammenklang aller Stimmen nicht vergessen werden. Nur im Zusammenhang mit all den anderen Stimmen verkündigt uns jeder einzelne Text, dass Jahwe (JHWH) der Gott Israels ist, der sich eines kleinen Volkes angenommen hat und durch Abraham zugleich der Gott aller Völker werden will. Bei dieser Erzählung handelt es sich um eine Berufungsgeschichte, wie sie uns auch u. a. von Jeremia und anderen Propheten vertraut ist. Sie hat gleiche Grundzüge: das Erschrecken des Mose, der Ausdruck seines Unvermögens, seine Einwände gegen den Auftrag Jahwes.

Es geht in dieser Geschichte auch um ein anderes wichtiges Thema, den Namen dieses Gottes, der sich hier offenbart: der Gott Jahwe, oder der hebräischen Schreibweise angemessen, besser JHWH. Dieser Gottesname wird von Menschen jüdischen Glaubens aus Ehrerbietung nicht ausgesprochen. An dieser Stelle fügen sie Umschreibungen ein, zum Beispiel „mein Herr". In der Lutherübersetzung wird dies durch den Gebrauch des großgeschriebenen HERR deutlich gemacht. Immer also, wenn in der Lutherbibel das Wort HERR zu finden ist, steht dahinter der Gottesname JHWH, der Ich-bin-da. Der Name ist nach antiker Vorstellung der Träger einer engen wesensmäßigen Bezogenheit, sozusagen existiert dieser Gott in diesem Namen, und zwar so, dass derjenige, der den wahren Namen kennt und ihn in der rechten Weise auszusprechen weiß, sich seiner bemächtigen kann. Die Person bleibt unzugänglich, im Namen wird sie aber zugänglich. Mose möchte mit diesem Gott in Kontakt treten und Gott antwortet auf dieses Ansinnen, indem er seinen Namen preisgibt, aber sich gleichzeitig in der Preisgabe seines Namens verhüllt: „Ich werde sein, der ich sein werde." Damit ist eine Dynamik von Gottes Sein ausgedrückt, die sein Sein im Werden bezeichnet. Buber und Rosenzweig haben in ihrer Übersetzung entsprechend das Verb „sein" in diesem Vers so übersetzt: „Ich werde da sein, als der ich da sein werde, sage den Israeliten, der ICH BIN DA schickt mich zu euch." Hier wird also eine Beziehung angebahnt, die von Jahwe ausgeht. Die Beziehung beginnt mit der Anbahnung. Gott wendet sich den Menschen zu: „Ich werde da sein für dich, aber unverfügbar", und zunächst ist offen, auf welche Weise. Andererseits ist vom Menschen Vertrauen gefordert. Der Ich-bin-da erwartet das Vertrauen, dass er in guter Weise für den Menschen da ist. Damit wird eine Gottesbeziehung begründet, die sich in vierfacher Weise ausdrückt:

- Der Gott Israels ist ein persönlich begegnender Gott, der Menschen bei ihrem Namen anruft (Jes 43,1) und sie in eine persönliche Beziehung zu sich stellt.
- Er ist ein befreiender Gott, der sein Volk aus Unfreiheit und Götzendienst in ein freies Leben ruft.
- Er ist ein verpflichtender Gott. Er will nicht durch Opfer und heilige Handlungen beruhigt und beschwichtigt werden, sondern er verlangt als Antwort auf sein Tun Glauben und Gerechtigkeit und den Mut, aufzubrechen und einen neuen Weg zu wagen, mag er auch durch die Wüste gehen.
- Er ist letztlich ein unbegreiflicher Gott, der sich nicht in ein Bild fassen oder gar in einem Begriff definieren lässt, er will Schritt für Schritt erfahren werden. Er bleibt mit seiner Verheißung „Ich werde da sein als der ich da sein werde" denen, die ihm folgen, immer voraus.

Im Auszug aus der Knechtschaft und dem Weg durch die Wüste macht das Volk Israel Erfahrungen mit seinem Gott. Dabei stellt die Errettung am Meer den Höhepunkt der Auszugsgeschichte dar. Mindestens zwei unterschiedliche Darstellungen wurden in diesem Textabschnitt nachträglich miteinander verwoben, ohne dass dabei Details verloren gingen. Die vermutlich ältere Version (J) stellt JHWH als den nahen Gott vor, gegenwärtig in der Wolken- und Feuersäule. In der höchsten Gefahr tritt er zwischen die Ägypter und die Israeliten, um sie vor den Feinden zu schützen. In der Morgenfrühe versetzt er die Ägypter dann in einen panischen Schrecken, so dass sie in das Meer fliehen, das ein starker Ostwind in der Nacht hat zurückweichen lassen. Das Meer kommt zurück und die Ägypter ertrinken. Die Ägypter werden durch Gott in die Flucht geschlagen, während Israel still halten und vertrauen soll. Die jüngere (der Priesterschrift zuzuordnende) Version zeigt Gott eher als einen majestätischen Gott. Er führt die Notsituation herbei, damit die Ägypter erkennen, dass er wirklich mächtig ist. Und alles geschieht durch den Mittler Mose. Er streckt die Hand aus, so dass sich das Meer spaltet und die Israeliten zwischen den Wassermauern auf dem Trockenen gehen können. Dann aber, als die Israeliten durchgezogen sind, erfolgt noch einmal der Befehl Gottes an Mose, die Hand auszustrecken, so dass die Wasser zurückfluten und die Ägypter darin untergehen. Das alles erinnert an die erste Schöpfungsgeschichte: Gott spricht und es geschieht. So wie Gott am Anfang Himmel und Erde erschuf und die Wasser des Urmeeres geteilt hat, so spaltet er nun das Meer und lässt sein Volk durch die Chaosfluten des Todes hindurch in das Leben ziehen. Einer der ältesten Texte des Alten Testamentes, das so genannte Mirjamlied, Ex 15, hat dieses Ereignis festgehalten als ein Grunddatum der Rettung aus großer Not.

Jedoch, der Weg führt nicht direkt in das gelobte Land, sondern zunächst durch die Wüste, wo das Volk Hunger und Durst und Gefährdung durch räuberische Stämme ausgesetzt ist. Das Volk wird aber doch immer wunderbar bewahrt, auch wenn es murrt und sich nach den „Fleischtöpfen Ägyptens" zurücksehnt. Eindrucksvolles Symbol für diese Bewahrung ist das Manna, das Israel täglich in der Wüste findet. Es handelt sich hierbei um eine Erscheinung, die es auch heute noch im Innern der Sinai-Halbinsel gibt. Auf der Manna-Tamariske bilden sich durch Insektenstiche Tropfen, die kristallisieren, süßlich schmecken und von den Nomaden gern gegessen werden. Sie sind kein Nahrungsersatz, aber der Erzähler nimmt diese Erscheinung zum Anlass, um symbolisch das Wunder der Lebenserhaltung in der Wüste anschaulich zu erzählen. Der Name Manna kommt von:„Mana hu?" Das bedeutet: Was ist das?)

Der zweite große Höhepunkt der Geschichte vom Auszug aus Ägypten ist das Geschehen am Sinai. Hier wird das Volk Jahwe begegnen, der es aus Ägypten geführt, durch das Meer sicher geleitet und in der Wüste bewahrt hat. Die

Gottesbegegnung am Sinai ist der zentrale Haftpunkt geworden, an dem alle wichtigen, das Leben in der Volks- und Gottesgemeinde ordnenden Bestimmungen ihren Ort und ihre Legitimation bekamen.
Israel erfährt hier die Offenbarung des Willens Gottes. Er schließt mit seinem Volk einen Bund. Es ist ein einmaliges Geschehen, von dem hier berichtet wird: Der Gott Israels, JHWH, bindet sich an Israel, und Israel bindet sich an ihn und seine Weisungen.

Diese Weisungen finden sich in Kapitel 20. Es ist der Dekalog, die 10 Worte oder 10 Gebote oder 10 Weisungen. Über sein Alter gehen die Meinungen auseinander. Es handelt sich bei ihnen um eine Sammlung und Verarbeitung ältester israelitischer Rechtssätze. Es sind grundlegende Gebote bzw. Verbote, wie sie auch aus älteren Gebotsreihen bekannt sind, sie werden hier aber allgemeiner und umfassender formuliert. Zudem, und das ist das Wichtige, werden sie unter das große Eröffnungswort gerückt, das in Exodus 20,2 über der ganzen Gebotsreihe steht und diese mit der Geschichte des Auszugs verbindet: „Ich bin der Herr, dein Gott, der ich dich aus dem Lande Ägypten, aus dem Sklavenhause, herausgeführt habe –". Die 10 Gebote wollen also die elementaren Grundforderungen nennen, die JHWH, der Gott, der Israel aus Ägypten befreit hat, an sein Volk stellt.
Der Name Gottes, der noch in der Berufungsgeschichte in eine offene Zukunft wies, hat sich nun bereits mit Erfahrungen gefüllt, ohne die dieser Name JHWH nicht mehr zu denken ist. Gott ist der allein rettende und befreiende Gott. Kann Israel dann noch andere Gottheiten oder Mächte neben ihm gelten lassen oder gar verehren? Die folgenden Gebote formulieren eigentlich nur, was in der Konsequenz der erfahrenen Befreiungsgeschichte für Israel von nun an ausgeschlossen ist. Für Israel kann es das Folgende nicht mehr geben, nachdem sich JHWH in so ausschließlicher Art auf seine Weise an sein Volk gebunden hat: Du wirst keine anderen Götter haben neben mir, du wirst dir kein Gottesbild machen, du wirst den Namen JHWH deines Gottes nicht missbrauchen, du wirst nicht töten usw. Hier ist formuliert, was auf Grund der erfahrenen Zuwendung und Rettung JHWHs für sein Volk von nun an nicht mehr gelten kann.

Der Prophet Jona

Bevor nun das Geschick des Jona in den Blick kommt, zunächst einige Hinweise auf die Propheten des Alten Testamentes.
Die Prophetie ist ein weit verbreitetes religiöses Phänomen, das sich für das Christentum aus der besonderen prophetischen Tradition des Alten Testamentes herleitet und begründet. Dieses lässt sich unterscheiden nach den „früheren Propheten", deren Auftreten in den Büchern Josua, Richter, Samuel

und Könige berichtet wird. Elia ist der bekannteste unter ihnen. Es folgen die „Schriftpropheten", deren Botschaft in den nach ihnen benannten biblischen Prophetenbüchern aufbewahrt ist, wie Jesaja, Amos und viele andere.
Nach alttestamentlichem Verständnis ist der Prophet Gottesbote. Was aber verstehen wir unter einem Propheten? Unter dieser Hauptfrage beginnen bereits alle Schwierigkeiten. Denn das griechische Wort „pro-phetes" und der allgemeine Sprachgebrauch legen es nahe, im „Propheten" zuerst und vor allem einen Vorhersager, einen Seher von Zukünftigem zu erblicken. Doch dabei handelt es sich um eine dem biblischen Verständnis völlig fremde Vorstellung. Denn die Schau von Zukünftigem ist allenfalls ein Moment biblischer Prophetie.

Bei Jesaja und Jeremia wird die Frage mit dem hebräischen Verbum „schalach" (senden) deutlich beantwortet. In der Stunde seiner Berufung hört Jesaja die Frage, die Luther sinngemäß und zutreffend übersetzt hat: „Wen soll ich senden, wer will mein Bote sein?" (Jes 6,8). Jesaja antwortet: „Ich will es, sende mich!" Der biblische Prophet ist Bote Gottes. In der Stunde der Berufung geschieht seine Bevollmächtigung und Sendung. Der biblische Prophet ist Bote Gottes. Wenn er auftritt, hebt seine Rede zumeist an mit der Botenspruchformel „So spricht der Herr". Er kann sich allein auf das in der Berufungsstunde begonnene Ereignis: „Der Herr hat mich gesandt" (Jer 23,16ff) berufen. Was er mitzuteilen hat, ist „Wort des Herrn".

Was lässt sich nun aber in der Geschichte von Jona entdecken? Es ist die Geschichte von einem ungehorsamen Propheten, der zuerst vor seinem Auftrag flieht und dabei erfährt, dass er diesem Gott nicht entfliehen kann; der seinen Auftrag dann doch ausführen muss und sich am Schluss über den Erfolg seiner Gerichtspredigt bitterlich beklagt. Zugeschrieben wird dieses Geschehen dem Propheten Jona, der in 2. Kön 14,25 als Jona Ben Amittai erwähnt wird und der in der Zeit Jerobeams II. gewirkt hat. Allerdings stammt das Buch nicht von diesem Propheten Jona.
Bis heute hat sich das kleine Buch Jona hat unter den prophetischen Büchern des Ersten Testamentes seinen besonderen Reiz bewahrt. Eingeordnet in die Sammlung der zwölf kleinen Schriftpropheten, handelt es sich dabei um ein kunstvolles literarisches Werk, das auch als Novelle mit lehrhaftem Charakter gelesen wurde, dem sogar ironische und komische Züge eigen sind. Dieses besondere Gepräge macht das Jonabuch auch für Kinder interessant.

In besonderer Weise wird im Verlauf der Geschichte immer wieder das Thema der Prophetie thematisiert. Auch für Kinder ist darum die Geschichte des Jona ein spannendes Geschehen, in dem Unglaubliches geschieht. Die Erzählung erinnert an Märchen. Die Frage, ob das wirklich so geschehen ist, führt daher vom Eigentlichen weg. Es kommt darauf an, zu verstehen, was mit der Geschichte, mit ihren Bildern und Symbolen ausgesagt werden soll.

Die Kinder machen mit der Jonageschichte Erfahrungen mit der vergebenden Güte Gottes, der sowohl Jona als auch den Bewohnern Ninives die Möglichkeit zur Umkehr gibt. Das Jonabuch bezieht Kinder durch die Formulierung „groß und klein“ (Jona 3,5) in das Geschehen mit ein. Was sich in der „großen“ Welt tut, das geht sie auch an. Im Jonabuch erfahren sie vom Erbarmen Gottes. Die Fähigkeit, sich mit den Kindern in Ninive zu identifizieren, hilft ihnen bei der Erkenntnis des barmherzigen Gottes.

Obwohl die Erzählung von Jona eine späte Überlieferung des Ersten Testamentes ist, lassen sich gerade in der Berufung und im Geschick des Jona Grundlagen der Prophetie entdecken. Die ganze Welt wird sympathisch gezeichnet, nur Jona, der Prophet, kann sich dieser Sicht nicht anschließen, er begehrt auf. Aber Gottes Gnade gilt allen, und so ist er auch mit seinem aufbegehrenden Propheten nachsichtig.

Nach dem gegenwärtigen Stand der Forschung wurde das Jonabuch wohl erst spät, also in der Zeit nach dem Exil des Volkes Israel, im 4. oder 3. Jahrhundert v. Chr., verfasst. Dabei ist das Gebet des Jona im Bauch des Fisches (Jona 2,3-10) wahrscheinlich eine eigene Einheit, die in die Geschichte eingebunden worden ist. Das Jonabuch will also kein historischer Bericht sein, dazu sind einzelne Passagen zu phantastisch oder entbehren, wie zum Beispiel die plötzliche Bekehrung des Königs von Ninive und der ganzen Stadt, jeglicher historischer Grundlage. Allein die Häufigkeit der Wunder, die sogar den Eindruck erwecken, als würde Gott seinem Propheten Streiche spielen, deutet darauf hin, dass diese Geschichte lehren will. Diese Geschichte möchte die Zuhörenden unterhalten und darüber hinaus belehren. Es geht um die Frage, in welcher Weise die alten Weissagungen Gottes ausgelegt werden sollen. Und da zeichnet das Jonabuch ein neues Bild von einem Gott mit einem weiten Herz. Trotz der nachdrücklichen Androhung der Vernichtung wartet Gott nur auf ein Zeichen der Umkehr, und er gewährt Vergebung. Gottes Wille zielt also im eigentlichen Sinn auf Umkehr. Jona ist in dieser Situation der engstirnige Hüter des Alten, der die Ausführung der Strafe einfordert. Aber auch er muss lernen, dass gerade in der Verschonung Ninives nach dessen Umkehr von einer erfolgreichen Mission des Jona gesprochen werden kann. An dieser Stelle zeigt sich, dass hier ein theologisches Verständnis vorliegt, dass geradezu eine Brücke zur Verkündigung Jesu im Neuen Testament darstellt. Dies verdeutlicht die Wirkungsgeschichte des Jona-Buches, in dem der

Universalismus und die Darstellung der Gnade Gottes schon angedeutet sind. Es steht in diesem Punkt dem Evangelium ganz nahe. Jesus selbst nimmt in Mt 12,41 und Lk 11,29-32 auf das Jona-Buch Bezug und benennt die Umkehr der Niniviten als Vorbild. Diese Brücke kann daher gut zur Vernetzung mit Geschichten Jesu von der grenzüberschreitenden Liebe Gottes zu allen Menschen genutzt werden.

Ideen zur Gestaltung

Vorschlag für ein Ausmalbild

(Das Motiv ist einem Fenster der Kirche St. Stephan in Mainz entliehen, das M. Chagall gestaltet hat.)

Auf weißes Papier kopiert, kann die Vorlage mit Buntstiften ausgemalt werden. Nach einer Behandlung mit Leinöl wird das Bild transparent und kann in ein Fenster gehängt werden.

Für ein großes Gemeinschaftsbild wird die Vorlage auf eine Folie für den Tageslichtprojektor kopiert. Diese wird auf einen großen Bogen Architektenpapier o. ä. projiziert und abgezeichnet. Die dunklen Umrisse werden mit schwarzer Farbe ausgemalt. Die freien Stücke werden flächendeckend mit gerissenen Stücken von farbigem Transparentpapier geklebt. Auf diese Weise entsteht ein großes Fensterbild für den Gruppenraum.

Die Kinder gestalten eine Landschaft zur Geschichte von Jona
Viele Einrichtungen habe auch eine kleine Sandkiste im Gruppenraum. In einer solchen Kiste lässt sich (nicht nur) die Jonaerzählung nachspielen. Die Kinder können auf diese Weise ihre eigenen Eindrücke und Ideen zur Geschichte einbringen und sich austauschen.
Zunächst wird einer Gruppe von Kindern die Geschichte erzählt. Die Kinder überlegen dann, welche Personen und Requisiten sie brauchen (kleine Puppen oder Kegelfiguren für die viele Menschen, die an der Geschichte beteiligt sind, blaue Tücher für das Meer, ein Schiff, den großen Fisch, eine Stadtkulisse, die Staude, die Gott wachsen lässt ...).
Dann bauen sie die Landschaft und überlegen, welche Szenen an welchen Orten gespielt werden.
Vielleicht haben sie dann Lust, anderen Kindern „ihren Jona“ vorzuspielen.

Lieder

Vorschläge für bekannte Lieder: Als Israel in Ägypten war, Jonalieder

Geschichten

Gott stellt sich Mose mit Namen vor
Mose lebte in der Einsamkeit der Wüste. Er musste fliehen, weil er einen ägyptischen Aufseher im Zorn getötet hatte. Mose wollte es nicht länger ertragen, dass die Männer seines Volkes geschlagen wurden. Aber er musste fliehen. Im Land Midian nahm ihn Jethro, ein Priester, auf, und Mose heiratete dessen Tochter Zippora.
Eines Tages war er unterwegs und hütete die Schafe seines Schwiegervaters. Das war am großen Berg Sinai. Weit weg war er von seinem Volk, aber er

dachte oft an die Menschen. Und denen ging es schlecht in Ägypten, sie wurden unterdrückt und mussten sehr hart arbeiten. Und oft dachte Mose: Wenn ich nur einen Ausweg wüsste!
Eines Tages sah Mose etwas ganz Besonderes: Da war ein Dornbusch, der brannte, aber das Feuer verbrannte ihn nicht. Mose war neugierig. Er wollte wissen, was es mit diesem Feuer auf sich hatte. Aber er hatte auch Angst, denn er spürte: Hier habe ich es mit Gott zu tun. Und dann ging er nahe heran. Dann hörte er Gottes Stimme: „Mose, Mose!" „Ja, hier bin ich", antwortete Mose.
„Komm nicht näher, zieh deine Sandalen aus. Der Ort, auf dem du stehst, ist heiliger Boden. Ich bin der Gott deiner Vorfahren, der Gott von Abraham, Isaak und Jakob." Mose erschrak und hüllte sein Gesicht in ein Tuch. Und Gott sprach: „Ich weiß, was du über dein Volk Israel denkst. Ich habe gesehen, es lebt im Elend und es geschieht ihm großes Unrecht. Mose, es ist mein Volk und ich will es aus der Hand der Ägypter befreien. Ich will ihnen ein gutes Land zur Heimat geben. Und du, Mose, du sollst es sein, der mein Volk aus der Gefangenschaft in Ägypten führen wird."
Da wich Mose zurück. Er stotterte: „Ich, ich, wer bin ich, dass ich dein Volk befreien kann?" Aber die Flamme im Dornbusch brannte weiter. „Ich, der Gott deines Volkes Israel, werde mit dir sein! Und eines Tages wirst du mich an diesem Berg mit deinem ganzen Volk verehren."
Aber Mose hatte viele Einwände: „Aber was soll ich sagen, wenn sie mich nach dir fragen? Was soll ich sagen, wenn sie fragen, wie dein Name ist?" Da sprach Gott zu Mose: „Erzähl ihnen, was du hier erlebst, und sage ihnen: Der Gott, der dich gesandt hat, hat den Namen ‚Ich bin der ich bin da'. Sage ihnen, der Ich-bin-da hat mich zu euch geschickt, der Gott eurer Vorfahren. Und ich werde zu allen Zeiten mit euch sein."
Mose ging zurück nach Ägypten. Aber es sollte noch lange dauern, bis der Pharao das Volk Israel endlich in die Freiheit ziehen ließ.

Gott befreit sein Volk Israel aus der Knechtschaft in Ägypten

Die folgende Erzählung kann als Mitmacherzählung gestaltet werden. Dazu sind an einigen Stellen Vorschläge gemacht.
Die Menschen in Israel haben eine Geschichte erzählt. Von Generation zu Generation haben die Alten sie an die Jungen weitererzählt, damit sie nicht verloren geht. Es ist die Geschichte von der Befreiung aus ständiger Bevormundung und Gängelung, eine Geschichte vom neuen Leben und eine Geschichte von dem Zurückfallen in den alten Trott. Eine Geschichte von einem Volk, das hinauszieht in die Freiheit, ein Volk, dessen Weg durch die Wüste führt.

Lied: When Israel was in Egypt's Land/Als Israel in Ägypten war.

Ich lade euch auf eine Wanderung ein. Ein ganzes Volk in der Wüste. Welch ein Bild von einem Fest der Freiheit in der Wüste. Sicher, eilig mussten sie aufbrechen, nur frisches Brot – ungesäuert – konnten sie mitnehmen, aber was machte das schon aus gegenüber all der Quälerei, gegenüber der Knechtschaft, die sie nun hinter sich hatten.
Mose, Mirjam und Aaron gehen voran. Sie führen das Volk in die Wüste. Mose hat ihren Gott kennen gelernt als einen Gott, der mit den Menschen ist. Und als Zeichen, dass Gott bei ihnen ist, haben sie ein sichtbares Zeichen: eine Wolkensäule, die sie am Tage führt, und in der Nacht eine Feuersäule, so dass sie Orientierung finden und nicht verloren gehen. So wandern sie los, mit Singen und dem Mut des Aufbruches. Aber schon bald holt sie das Alte ein.
Der Pharao ist wütend, dass er dieses Volk hat ziehen lassen. Er schickt dem Volk ein großes Heer von Streitwagen hinterher. Und diese große Macht kommt nun, in eine riesige Staubwolke gehüllt, durch die Wüste. Bald schon entdecken die Israeliten hinten im Zug diese Staubwolke und sie ahnen, was da kommt. Sie spüren: Das ist die geballte Macht des Pharao. Und sie sagen es weiter. Wie ein Lauffeuer geht es bis nach vorne zu Mose. Einen langen Weg geht die Nachricht bis zu ihm, und dabei sie wird immer schlimmer. Als sie endlich Mose erreicht, da sind die Menschen schon ganz verzweifelt. Mose spürt diese Verzweiflung und er hört auch die Vorwürfe: „Hättest du uns doch in Ägypten gelassen, nun sind wir hier draußen in der Wüste und müssen sterben." „Sterben hätten wir auch in Ägypten können, was sollen wir tun, wir sind verloren." „Was hast du mit uns getan?" Mose betet zu Gott. „Sag mir, was ich tun soll, Gott. Sag mir, wohin der Weg uns führt in die Freiheit."
Da geschieht etwas Wunderbares. Die Wolkensäule, die das Volk führt, das Zeichen, das Gott mit ihnen geht, sie wandelt sich zu einer Schutzwand, die sich zwischen das Volk und die herannahende Macht des Pharao stellt. Nichts ist mehr zu sehen von der Macht des Pharao. Doch wohin soll der Weg gehen? Vor dem Volk ist das große Schilfmeer. Wie soll es weitergehen?
Da erhebt sich ein großer Wind, die Wassermassen weichen zurück. Das Volk fasst Mut, durch das Wasser zu gehen. Trockenen Fußes kommen sie weiter. Als sie am nächsten Morgen die Wolkensäule wieder vor sich haben, sehen sie nichts mehr von der geballten Macht des Pharao. Im Wasser versunken ist alles, was ihnen Böses wollte. So erfahren sie Schutz und Rettung durch die Hand ihres Gottes. Und Mirjam nimmt ihre Pauke und singt und tanzt: „Singt Gott ein Lied, denn er ist groß und stark. Rosse und Wagen hat er ins Meer geworfen!"

Das Volk zieht weiter und der Weg ist so lang. Sieben Wochen sind sie nun schon unterwegs. Am Abend machen sie Rast, schlagen einfache Zelte auf, um sich vor der Kälte der Nacht zu schützen. Sie erzählen sich die Geschichten von der Gefangenschaft, die sie hinter sich gelassen haben. Und sie erzählen sich ihre Träume von dem Land, das sie vor sich haben. Träume von der Zukunft in einem Land, in dem sie in Frieden und Sicherheit leben können. Wo es genug zu essen und zu trinken gibt für alle Alten, die Jungen und die kommenden Generationen. Doch die Tage sind heiß in der Wüste. Die Zunge klebt am Gaumen, Wasser ist Mangelware. Sparsam müssen sie sein und außerdem quält sie der Hunger. Und mit dem Knurren im Magen nimmt auch der Mut ab, mit dem sie aufgebrochen sind. Sie fangen an zu überlegen: „War es richtig, zu gehen?" „Sicher, die Gefangenschaft war nicht gut, die Schläge auf dem Rücken der Männer, wenn sie nicht arbeiteten, die Verachtung, die sie erfahren haben von den Ägyptern." „Aber immerhin, der Pharao hat dafür gesorgt, dass sie genug zu essen und zu trinken hatten, schließlich brauchte er ihre Arbeitskraft." So dachten die Israeliten. Und nun in der Wüste, Hunger und Durst quälte sie. Kaum konnten sie noch einen Fuß vor den anderen setzen. „Mose, wo hast du uns hingeführt, Mose?" Mose geht ein Stück hinaus, ein wenig weg vom Volk, und spricht zu Gott: „Was soll ich tun? Die Menschen haben Hunger?" Er hört die Stimme Gottes und Gott sagt: „Ich werde ihnen zu essen geben." Am nächsten Morgen, als die ersten Kinder aus ihrem Zelt kriechen, kommen sie laut rufend zurück, ganz aufgeregt, und in der Hand haben sie kleine weiße Kügelchen: „Schaut, was wir vor dem Lager gefunden haben." Wie ein Lauffeuer geht es durch das Lager.
„Was ist das?", fragen sie sich, „Manna hu? Die Kinder haben davon gegessen, es schmeckt süß." Ein Kind fragt: „Ob das das Brot ist, das Gott uns versprochen hat? Es schmeckt, es schmeckt wie Brot, das mit Honig gesüßt ist." Mose kommt herbei und sagt: „Das ist das Brot, das Gott euch versprochen hat, geht hinaus und sammelt, alle, Männer, Frauen und Kinder, soviel wie ihr essen könnt." Und sie gehen hinaus und sammeln und sie werden alle satt, gesättigt von dem Brot, das Gott vom Himmel hat fallen lassen. Manna hu? Was ist das, so haben damals die Erwachsenen und die Kinder gefragt, und so kam es zu seinem Namen.

Anstatt des Manna gibt es etwas, das viele Kinder sehr gerne essen. Es ist weiß und gesüßt mit Honig und Zucker, es ist aus Mais, es ist Popcorn. Es folgt eine kleine Pause, in der die Kinder Popcorn essen.

Das Volk zieht weiter. Es hat gelernt, dass Gott für sie alle sorgt, sie müssen keinen Hunger leiden. Aber immer noch quält sie der Durst. Und wieder sind sie unwillig, schimpfen mit Mose, hadern mit Gott, möchten endlich Wasser,

frisches Wasser. Wieder sind sie unwillig, aber Gott ist mit ihnen. Er schenkt ihnen Wasser in der Wüste.
In einer langen Karawane ziehen sie durch die Wüste. Da kommen sie zu einem großen Berg. Es ist der Berg Sinai. Alte Geschichten erzählen, dass dies ein heiliger Ort ist, ein Ort, an dem Gott ganz nahe ist. Am Fuße des Berges schlägt das Volk sein Lager auf. Es ist ein gewaltiger Berg, dieser Sinai, und als Mose hinaufsteigt, da haben sie ihn schnell aus den Augen verloren. Die Spitze des Berges ist in eine Nebelwolke gehüllt. Nun warten sie auf Mose. Und sie erinnern sich an das, was Moses ihnen erzählt hat, als er zu ihnen kam. „Ich habe Gott gesehen. Am Berge Sinai." So hat er ihnen erzählt. „Ein Dornbusch war da, er brannte, aber er verbrannte nicht." „Ich werde mit dir sein, das ist mein Name", so hat Gott sich vorgestellt. Und sie bedenken ihren Weg aus Ägypten hinaus, ihren Weg in die Freiheit aus der Sklaverei. Gott hat sie geführt, er hat ihnen Schutz gewährt vor der Streitmacht der Ägypter. Er hat ihnen gegeben, was sie brauchten, zu essen und zu trinken. Nun waren sie hier. „Ich werde mit euch sein", so heißt ihr Gott, das hatte Mose ihnen erzählt. Und so haben sie es erfahren: Gott war mit ihnen. Er ist der Gott, der sie in die Freiheit geführt hat.
Da kehrt Mose zurück und ruft die Ältesten des Volkes zusammen. Und er fragt sie: „Wollt ihr für immer mit unsrem Gott verbunden sein, dem Gott, der sagt, ich werde mit euch sein?" „Ja", sagen die Ältesten, „wir wollen zu diesem Gott gehören."
„Gott möchte mit euch einen Bund schließen. Er möchte euch seinen guten Willen sagen. Und er möchte, dass ihr auf ihn hört." „Ja, das wollen wir", sagen die Ältesten im Volk. Noch einmal geht Mose auf den Berg hinauf, macht sich auf den Weg zu Gott, um von ihm seinen Willen für das Volk zu erfahren. Als Mose zurückkehrt, hält er steinerne Tafeln in der Hand. Alle sind gespannt. Sie haben sich in ihren Großfamilien gelagert. Nun hören sie auf die Worte Gottes, die Mose ihnen vorliest.

Verlesung der Zehn Gebote in Auszügen – (hier evtl. Ausmalbild Mose einsetzen).

Die Israeliten schauen sich an. Und dann stehen die Ältesten auf, mit ihnen die Frauen und dann auch die Kinder. Alle fassen sich an den Händen und gehen im Kreis. Sie singen und tanzen das alte Lied:

Lied und Tanz: Wer Gottes Wort hört

Die Jonageschichte

Teil 1

Gott beruft Menschen zu Propheten. Eines Tages richtet Gott sein Wort an Jona, den Sohn Amittais: „Auf, Jona, geh nach Ninive, in die große Stadt! Sage den Menschen dort, dass die Stadt untergehen wird, denn die Menschen dort sind böse und schlecht!" Aber Jona will nicht. Er möchte vor Gott davonlaufen. Darum flieht er nach Jafo, eine Hafenstadt. Dort sucht er sich ein Schiff, das nach Tarsis, nach Spanien fährt. Das ist genau in entgegengesetzter Richtung von Ninive.

Teil 2

Bei der Überfahrt schickt Gott einen Sturm über das Meer. Der ergreift das Schiff; auf und ab tanzt es in den Wellen, ja, es droht zu sinken. Die Seeleute schreien laut um Hilfe und werfen die Ladung über Bord. Jona aber liegt unten im Schiff und schläft. Bald kommt der Kapitän und weckt ihn auf: „Steh auf, wie kannst du nur schlafen bei diesem Sturm! Bete zu deinem Gott, dass er uns hilft und unser Leben rettet! Sonst sind wir verloren!"
Die Seeleute an Deck haben das Los geworfen. Sie wollen erfahren, wer Schuld haben könnte an diesem Schicksal. Das Los fällt auf Jona und sie rufen: „Wer bist du, dass du solches Unheil über uns gebracht hast?" Jona sagt: „Ich bin ein Hebräer. Jahwe, der Himmel und Erde geschaffen hat, er ist mein Gott, vor ihm bin ich geflohen. Werft mich nur ins Meer, damit es ruhig wird!" Und tatsächlich, in ihrer Not werfen sie ihn ins Meer. Laut rufen sie zu Jahwe, dem Gott Jonas: „Lass uns nicht verderben in diesem Sturm!" Da wird es ganz ruhig über dem Meer, Wind und Wogen sind still. Jona aber sinkt immer tiefer und tiefer zum Meeresgrund.

Teil 3

Da lässt Gott einen großen Fisch kommen, der verschluckt Jona. Drei Tage und drei Nächte lang ist Jona im Bauch des Fisches. Und Jona betet zu Gott in seiner Not: „Höre meine Angst, Gott, denn ich bin wie im Tod gefangen. Die Wasser haben mich umflutet und ich bin hinabgesunken in die allergrößte Tiefe. Befreie mich, mein Gott, aus dieser Tiefe! Das Wasser steht mir bis zum Hals. Du aber führst mich aus der Finsternis heraus, darum will ich dir danken. Du bist meine Rettung." Und da geschieht es: Der Fisch spuckt Jona aus an Land. Jona dankt Gott mit seinem Gebet: „Gott, du hast mich vom Tod errettet. Ich will auf deine Worte hören. Ich will tun, was du mir sagst!"

Teil 4

Und wieder spricht Gott zu Jona: „Auf, Jona, geh nach Ninive, in die große Stadt, und sage ihnen, was ich dir sage!" Und Jona geht den weiten Weg. Als

er in die Stadt kommt, staunt er: „Welch eine riesige Stadt!" Einen ganzen Tag geht er bis zur Mitte der Stadt. Und dort stellt er sich auf und ruft laut: „Hört, was Gott zu euch sagt! Ihr seid auf einem falschen Weg, kehrt um! Mein Gott wird euch bestrafen! Wehe euch, denn in vierzig Tagen wird eure Stadt untergehen!"
Da sind alle Menschen zu Tode erschrocken. Sie glauben an die Botschaft Gottes, die Jona ausgerichtet hat, und gehen in sich. Sie essen und trinken nichts mehr und werfen sich einfache Säcke als Kleidung über. Sie bereuen das Böse, das sie getan haben, und gehen in Sack und Asche.
Auch der König hört davon und auch er hüllt sich in einen Sack und setzt sich in die Asche als Zeichen der Reue und Umkehr. Seine Diener lässt er überall ausrufen: „Ihr Menschen von Ninive, hört auf Jona, kehrt um von eurem falschen Tun. Vielleicht ist der Gott Jonas uns gnädig!" Und Jahwe, der Gott Israels, der Jona nach Ninive geschickt hat, erbarmt sich. Seine Drohung tut ihm leid und er nimmt sein Vernichtungsurteil zurück.

Teil 5
Jona aber ist zornig darüber: „Habe ich es doch gewusst! Genau darum wollte ich dir nicht folgen! Du bist ja doch ein barmherziger Gott. Du drohst, aber dann machst du deine Drohung nicht wahr. Am liebsten wäre ich tot!" Da spricht Gott zu Jona: „Meinst du, du bist mit Recht zornig auf mich?" Jona springt auf, er ist wütend. Er läuft aus der Stadt hinaus, setzt sich weit draußen auf einen Berg und wartet, was geschieht.

Teil 6
Dort, wo Jona sitzt, lässt Gott eine Rizinusstaude wachsen. Sie wächst hoch über Jonas Kopf hinaus und spendet ihm Schatten. Jona freut sich an der Staude. In der Nacht aber schickt Gott einen Wurm. Der Wurm frisst sich in die Pflanze hinein, so dass sie in der Mittagshitze vertrocknet. Die Sonne sticht Jona, ihm ist elend und er fühlt sich matt. Wieder sagt er: „Ach, wenn ich doch sterben könnte." Gott spricht zu ihm: „Jona, was meinst du, jammerst du zu Recht um diesen kleinen Strauch?"
„Ja, aber sicher!" empört sich das Jona. „Schau, Jona, du jammerst um diese Staude, die ohne dein Zutun gewachsen ist. Kannst du dir denken, warum mir diese Stadt Ninive leid tut? Mehr als 120.000 Menschen leben darin, und unter ihnen so viele Kinder! Jona, was denkst du?"

Ich bin bei euch alle Tage

Taufe erinnern

Einführung

Taufe

Eine Kirchengemeinde, die ihre Kinder tauft, übernimmt Verantwortung. Sie bietet den Familien und Paten ihre Unterstützung bei der religiösen Erziehung an. Immer wieder ist die Taufe ganz natürlich Thema in der Tageseinrichtung, da erzählen Kinder von der Taufe eines Geschwisterkindes oder sie erleben in einem Familiengottesdienst eine Taufe. Solche Anlässe lassen sich aufnehmen und können in die Jahresplanung einbezogen werden.
Die Taufe ist eine einmalige und entscheidende Station für jedes Kind: der Beginn des Weges mit Jesus. Die meisten Kinder haben die Taufe nicht bewusst miterlebt. Erinnerungen und Erfahrungen speisen sich darum vor allem aus miterlebten Tauffeiern.
Woran aber können Kinder und Erwachsene ihre Erinnerungen festmachen? Es sind vor allem die Symbole, die die Taufhandlung unterstreichen: das Wasser, der eigene Name, mit dem ich von Gott gerufen bin, oder auch das Licht der Taufkerze.

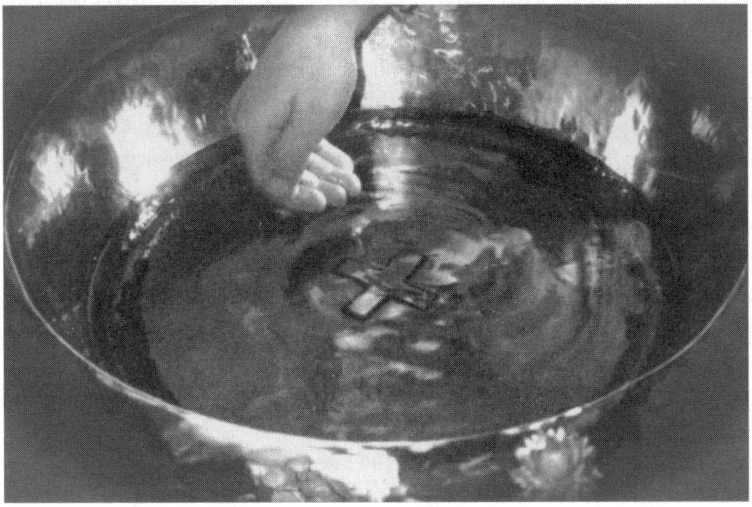

Bestimmte Aspekte der Taufe werden auf diese Weise besonders hervorgehoben. Die Taufe als Sakrament der Annahme, der Rettung und der Nachfolge. Sie geben der Taufe Bedeutung für Gegenwart und Zukunft.

Das griechische Wort für „taufen“ hat verschiedene Grundbedeutungen. Es kann „ein“- oder „untertauchen“ und „abwaschen“ bedeuten und meinte ursprünglich ein besonderes Ritual eines Reinigungsbades, das auch bei schweren Krankheiten Heilung versprach.
Die Taufe in der christlichen Gemeinde gründet im Taufauftrag des auferstandenen Christus (Mt 28,8-20). Nach Karfreitag und Ostern hat die Urgemeinde die Taufe des Johannes übernommen und umgestaltet. Das deutet sich schon in dem Bericht des Matthäusevangeliums über die Taufe Jesu an. Die Taufe des Johannes war verbunden mit dem Versprechen der Täuflinge zur Umkehr zu guten Werken. In Jesu Taufe kommt aber schon das Neue zum Vorschein: Gottes Gerechtigkeit geht über das auserwählte Volk hinaus und gilt allen Völkern. In der Ansage der Gottessohnschaft wird die alte Grenze schon überschritten, von Gott her wird der Weg frei zu den Menschen aller Völker.

Die meisten Kinder werden, wenn überhaupt, einen Zugang zum Thema über das Miterleben der Taufe anderer Kinder bekommen. Daher ist es gut, wenn den Kindern die Teilnahme an einer Taufe ermöglicht wird. Die Kinder spüren dann, dass es in der Taufliturgie besonders um sie geht. Sie hören das Taufevangelium mit dem starken Satz Jesu: „Ich bin bei euch alle Tage“, und sie können in der Kindersegnung entdecken, wie dieses „Bei uns sein“ Jesu gemeint ist. Wenn Eltern, Paten und Familie um den Taufstein stehen, dann wollen sie zumindest in der zweiten Reihe stehen und alles genau sehen.
Besonders die jüngeren Kinder erleben eine Taufe intensiv mit, und nicht selten wird sie in den nächsten Tagen nachgespielt. Für den Zugang zur Taufe ist Elementarisierung nötig und auch möglich. Deshalb liegen die Schwerpunkte bei den Namen, dem Wasser und dem Licht der Taufkerze.

In der Behandlung des Themas zeigt sich, dass die Taufe Gottes Geschenk an uns ist, das mit Verantwortung entgegengenommen werden möchte. Ein Geschenk, das Leben eröffnet, gerade nicht nur für den Einzelnen, sondern auch für die Gemeinschaft, in die der Einzelne gestellt ist.

Taufe, das Sakrament der Annahme – Ich bin von Gott mit meinem NAMEN gerufen.
Jesus hat die Taufe empfangen und hat sie seinen Jüngerinnen und Jüngern aufgetragen, er selbst hat nicht getauft. Die Taufe, ein ganz menschliches

Zeichen für das göttliche Wirken in unserem Leben, ein Zeichen, das wir mit allen Sinnen begreifen können im wahrsten Sinne des Wortes, ein Zeichen, an das wir uns erinnern können, wenn wir uns unsicher sind über Gottes Begleitung in unserem Leben. Angenommensein hat dabei immer auch mit unserem Namen zu tun. Wie ist es für uns, mit Namen angesprochen zu werden? Wie viel Mühe geben wir uns, die Namen der Kinder zu kennen, damit wir sie ansprechen können?
In Jes 43,1 wird diese Bewegung Gottes zu den Menschen im Gerufensein beim Namen festgemacht, das immer ein Angenommensein ist: „Fürchte dich nicht, ich habe dich erlöst." Gleichzeitig bekommt der beim Namen angesprochene eine eigene Identität zugesprochen. Mit seinem Namen ist er unverwechselbar und doch hineingestellt in die Gemeinschaft der Kinder Gottes.
Das verbindet sich in guter Weise mit den Erfahrungen von Kindern. Mit dem eigenen Namen gerufen werden ist für sie von Bedeutung. Manchmal spielen sie geradezu damit, wenn wir etwas von ihnen wollen. Manchmal warten sie geradezu darauf, aus einer großen Menge, in der sie sich verloren fühlen, mit Namen gerufen zu werden. Namen haben Bedeutung, auch da wollen Kinder mehr über ihren Namen wissen.

Taufe, das Sakrament der Rettung – Aus dem WASSER gezogen, wird mir neues Leben zuteil. Ich kann es einsetzen zum Wohl der Erde.
Paulus verbindet die Taufe der Christen mit dem Schicksal Jesu: So wie Christus durch den Tod in ein neues Leben aufersteht, so gehen die Menschen, die zu Christus gehören wollen, in der Taufe durch das Wasser unter und werden zu neuem Leben herausgezogen. Im Wasser der Taufe „stirbt der alte Mensch" und der neue Mensch steigt empor aus der Taufe. Jesus Christus selbst hat es mit seinem Leben vorgelebt. Das weiße Taufkleid, das nach der Taufe angezogen wird, erinnert an diese Bedeutung.
Das Wasser ist das Symbol, das uns diesen Vorgang verdeutlicht: Es ist Element der Reinigung, des Abwaschens alles Alten, aber auch der tödlichen Bedrohung. Und doch ist es zugleich Quelle des Lebens, das uns geschenkt wird, ohne das wir nicht leben können.
Das Lebensspendende und das Unheimliche des Symbols „Wasser" erschließt sich Kindern schnell, wenn ihnen Zugänge über ihre eigenen Erlebnisse mit Wasser ermöglicht werden. Wasser brauchen wir zum Leben. Von da aus können Verknüpfungen mit der Taufe Jesu im Jordan entstehen. Der Erzählvorschlag lädt zu positiven Wasser-Entdeckungen ein.

Taufe, das Sakrament der Nachfolge – In der Taufe begegnet mir Jesus als LICHT der Welt, der uns einlädt, seine Lichtträger in dieser Welt zu sein.

Wie kommen in der Taufe Geschenk Gottes und Aufgabe der Nachfolge zusammen? Die Zu-Sage des Lichtes Gottes im Wort Jesu aus Joh 8,12 umrahmt die Zu-Mutung des „Ihr seid das Licht der Welt" aus der Bergpredigt bei Mt 5,14. Mit diesen Motiven „spielen" das Lied und der Tanz: Jesus Christus spricht: Ich bin das Licht der Welt.
Durch die gesamte Tradition der Bibel finden wir Spuren des Lichtes, das auch die Kinder wiederentdecken können. Gott sprach: Es werde Licht. Die erste Schöpfungstat Gottes gilt dem Wehren des Chaos, der Finsternis und der Kälte. Der Friedenskönig wird erwartet als „Licht für die Völker", der Frieden bringt, und Bartimäus hofft auf ihn.
In dieser Tradition weiß sich Jesus, wenn er sagt: „Ich bin das Licht der Welt."
Ihm zu folgen heißt, Anteil zu haben am Licht des Lebens. Das Licht Gottes gibt uns Leben, das über uns hinauswirken will: „Ihr seid das Licht der Welt!"
In der Taufe haben wir die Grundlage bekommen, ein Geschenk, dessen wir uns in unserem Leben in der Welt und für die Welt würdig erweisen. Das Licht, das von uns ausstrahlt, strahlt zurück auf die Quelle dieses Lichtes. Das Licht, sagt Jesus, ist Zeichen dafür, dass ich in der Nachfolge das mir Mögliche tue: das, wozu mich Gott berufen hat. Auch mit kleiner Kraft, auch wenn es nur wenig ist: Es kann viel bewirken! Für die Kinder eine gute Erfahrung: Gott hat mir viele Fähigkeiten anvertraut und er traut mir etwas zu!
Dabei ist das Licht im Kontrast zur Dunkelheit ein wichtiges Symbol für die Kinder. Es ist eines der wenigen Symbole, das durchweg positiv besetzt ist. Kinder ahnen die Grundgefährdung des Menschen durch Finsternis und Kälte, auch wenn es die meisten noch nicht selbst so hart erlebt haben. Umso größer ist die Bereitschaft, sich dem Licht zu öffnen und seine Leben spendende Kraft wahrzunehmen, gerade in der Verbindung mit der Taufzusage Gottes.

In den Ideen zur Gestaltung und den Geschichten werden diese Aspekte nun entfaltet.

Ideen zur Gestaltung

Ich bin mit meinem Namen gerufen

Zur Einleitung wird die folgende Geschichte erzählt:

Manchmal ist es gut, wenn liebe Menschen mich rufen. Irgendwo habe ich mich in der Menge verloren. Ich habe Angst, hoffentlich finde ich meine Eltern wieder. Und dann höre ich eine vertraute Stimme, die meinen Namen ruft. Meine Mutter ruft mich und ich weiß, alles ist gut. Manchmal aber,

wenn meine Mutter meinen Namen ruft, dann möchte ich am liebsten gar nicht kommen. Ich habe etwas falsch gemacht und habe ein schlechtes Gewissen. Aber trotzdem erfahre ich, ich kann kommen. Wenn meine Eltern mich dann in den Arm nehmen, dann geht es mir wieder gut, da fällt mir ein Stein vom Herzen. Es ist gut, wenn wir Menschen gerufen werden und wissen, es ist Gott, der uns ruft, es ist Gott, der es gut mit uns meint: „Siehe, ich habe dich erlöst, spricht Gott, ich habe dich bei deinem Namen gerufen, du bist mein" (Jes 43,1b).
Gott möchte, dass alle zu ihm gehören. So wie ich bin, kann ich zu ihm kommen, er kennt mich sogar mit meinem Namen. Und Jesus lädt uns ein: Gott hat euch lieb, alle ohne Unterschied; auch die, von denen andere sagen: Du bist zu böse oder du bist zu klein oder du bist zu krank. Nein, Gott gibt nicht eher Ruhe, bis wirklich alle zu ihm gekommen sind.
Er ruft uns mit Namen. Und ich überlege, ob ihr das kennt: Ich freue mich, dass mich jemand ruft.

Die Kinder haben nun Gelegenheit, von ihren Erfahrungen zu erzählen und sie mit der Geschichte zu verbinden. Nach einer Erzählrunde werden die Kinder eingeladen, auf einem besonderen Blatt ihren Namen in den schönsten Farben zu malen. Diese Namensbilder werden miteinander zu einer Kette verbunden und aufgehängt.
Zum Abschluss singen die Kinder das Lied: Und Gott segne dich ..., in dem die Namen aller Kinder vorkommen.

Gemeinschaftsbild zum Thema „Licht der Welt"

Nach der Geschichte „Licht zum Leben" bekommen die Kinder zur Herstellung von Bügelbildern einen DIN A4 Bogen Architektenpapier. Mit hellen Wachsmalstiften malen sie diesen Bogen flächig aus. Der Bogen wird dann mit der Farbseite nach innen zugeklappt, mit einem heißen Bügeleisen überbügelt und gleich wieder aufgeklappt. Mit einem dicken schwarzen Filzstift werden die Namen der Kinder auf die Rückseite geschrieben. Um ein Gemeinschaftsbild daraus zu machen, werden die Bilder auf dem Boden angeordnet und mit einem dicken Klebestreifen verbunden. Unter dem Motto: „Jesus lädt uns ein, ihr seid das Licht der Welt" kann dieses Bild als Transparent an einem Fenster aufgehängt werden.
Die Zusage Jesu wird gebündelt im Lied vom Licht der Welt.

Tanz zum Lied: Jesus Christus spricht: Ich bin das Licht der Welt!
Aufstellung im Kreis mit Handfassung. Die einzelnen Takte jeweils mit dem rechten Fuß beginnen.

Jesus Christus spricht:	Vier Schritte nach rechts.
Ich bin das Licht der Welt!	Vier Schritte zur Mitte, dabei die Hände lösen und nach oben, demLicht entgegen strecken.
Es vertreibt die Dunkelheit und	Vier Schritte zurück zur Kreislinie, dabei die Hände in einem großen Bogen nach unten führen.
schenkt uns neues Leben.	Vier Schritte in Handfassung nach links.
Jesus Christus spricht:	Vier Schritte nach links.
Ihr seid das Licht der Welt!	Vier Schritte zur Mitte, dabei die Hände wie eine Flamme über den Kopf führen.
Lasst es hell erstrahlen, dass es	In zwei Schritten eine halbe Drehung auf der Stelle nach außen machen, zwei Schritte zurück zur Kreislinie und dabei die Hände nach vorn strecken wie Lichtstrahlen, die von der Mitte nach außen leuchten.
allen Menschen leuchtet!	In vier kleinen Schritten mit einer halben Drehung in die Ausgangsposition zurückkehren.

Ein Tanz zum Lied: Lasst die Kinder zu mir kommen
Dieses Lied findet sich in vielen Ausgaben des Evangelischen Gesangbuches, z. B. in der Ausgabe für Rheinland, Westfalen und Lippe unter der Nr. 606.
Die Choreographie macht die Einladung zur Taufe an alle deutlich.

Lasst die Kinder zu mir kommen,	AUSSENKREIS: 16 Schritte nach rechts
kommt mit allen Kindern.	INNENKREIS: 16 Schritte nach links
Lasst die Kinder zu mir kommen,	WIEDERHOLUNG des ersten Teils
niemand soll sie hindern.	in Gegenrichtung

Denn es werden in mein Reich Kinder aufgenommen,	Die Tanzenden im AUSSENKREIS stehen zur Kreismitte und klatschen im Takt; der INNENKREIS löst sich auf und tanzt um die anderen herum.
lasst sie alle gern herein, Groß und Klein darf kommen.	Die Tanzenden aus dem INNENKREIS suchen sich eine Person aus dem AUSSENKREIS, mit einer einladenden Geste werden sie in den INNENKREIS gebeten. Die anderen bilden den neuen AUSSENKREIS und es beginnt von vorn.

Lieder

Tauferinnerungslied

Text: U. Walter; Musik: R. Horn; aus: Buch/CD „Mit dem Friedenskreuz durch das Jahr"

Jesus Christus spricht: Ich bin das Licht der Welt!

Text: U. Walter; Musik: J. Walter

Geschichten

Pass gut auf meine kleine Schwester auf!

„Wo ist meine kleine Schwester Luisa?“ Andreas hat sich nach der Schule beeilt und ist noch ganz außer Atem. Kein Wunder, denn am liebsten wäre er heute gar nicht zur Schule gegangen. Aufregende Dinge sind in der letzten Nacht passiert. Ein kleines Mädchen ist geboren. Nun hat Andreas eine kleine Schwester. Und da gibt es für einen Jungen von acht Jahren viel zu fragen und zu begreifen.

Aber erst einmal will er seine kleine Schwester sehen. Leise schleicht er sich ins Schlafzimmer und geht zur Wiege. Dort liegt sie und schläft. Gut, dass seine Mutter nun ein bisschen Zeit für ihn hat.

Er läuft in sein Zimmer, holt sein Fotoalbum und setzt sich zur Mutter an das Bett. „Wie war das eigentlich, als ich auf die Welt kam?“

Seine Mutter muss ihm die Fotos zeigen und ihm von seiner eigenen Geburt erzählen. „Wie klein ich da war! Und wer hält mich denn da?“ „Das ist Christa, unsere Hebamme, die war bei deiner Geburt dabei.“ „Eine Hebamme, was macht die denn?“ „Eine Hebamme ist so etwas wie ein guter Engel. Sie kommt zu den Frauen, wenn sie ihr Kind bekommen, und ist einfach da. Du musst wissen, es tut sehr weh, wenn das kleine Baby aus dem Bauch kommt. Und da hilft sie der Mutter, richtig zu atmen und die Kräfte gut einzuteilen.

Mit ihren Händen wischt sie den Schweiß von der Stirn und tröstet. Schon vorher fühlt sie den Bauch ab, ob alles in Ordnung ist und ob es dem Kind gut geht. Sie hat immer wieder deine Herztöne abgehorcht. Dazu hat sie ein Hörrohr auf meinen Kugelbauch und an ihr Ohr gehalten."
„Dauert das denn lange, bis das Baby endlich da ist?" „Bei dir hat es lange gedauert, und es wargut, dass die Hebamme da war, denn es wurde sogar ein wenig bedrohlich. Als dein Köpfchen geboren wurde, da hat sie es ganz behutsam gehalten. Aber dann musste sie schnell die Nabelschnur durchtrennen, die dich im Bauch mit Blut versorgt hat. Die hatte sich um deinen Kopf gewickelt und war ganz abgedrückt. Danach warst du zum Glück bald geboren. Die Hebamme hat dich in ein warmes Tuch gewickelt und auf meinen Bauch gelegt."
„War das bei meiner kleinen Schwester auch so?", will Andreas nun wissen und schaut zur Wiege hinüber. Die Mutter lacht. „Diesmal war es ganz anders, dein Schwesterchen hatte es auf einmal ganz eilig. Fast wäre die Hebamme zu spät gekommen. Zum Glück kam Christa noch rechtzeitig, und mit ihren Händen hat sie deiner kleinen Schwester ans Licht der Welt geholfen. Vorhin, als du in der Schule warst, war Christa hier und hat sie gewickelt. Und dann hat Luisa an meiner Brust ein wenig getrunken." „Kommt die Hebamme noch mal?" fragt Andreas. „Ja, morgen kommt Christa wieder." „Prima, morgen ist Samstag, dann kann ich zuschauen!"
Am nächsten Morgen kann Andreas es kaum erwarten, er läuft gleich zur Tür, um die Hebamme zu begrüßen. Zuerst schaut sie nach der Mutter, fragt nach ihrem Bauch, fragt, ob sie gut geschlafen hat und ob es mit dem Stillen klappt. Und dann ist das kleine Baby an der Reihe. Andreas steht neben dem Wickeltisch und schaut genau zu. Zuerst wird das Baby ausgezogen und gewaschen. Vorsichtig tupft die Hebamme den Nabel ab. „Schau, hier siehst du den Nabel. Noch muss er gut gepflegt werden, und in ein paar Tagen sieht er genauso aus wie bei dir." Nach dem Anziehen nimmt die Hebamme das Baby auf. Andreas darf es zu seiner Mutter tragen. Ganz stolz und vorsichtig trägt er seine kleine Schwester. Dann legt die Hebamme der Mutter das Baby zum Trinken in die Arme. Schnell findet es seinen Platz an der Brust und nuckelt zufrieden.
Einige Tage später kommt Christa am Nachmittag. Da ist die kleine Luisa meistens wach, und heute soll sie gebadet werden. Andreas ist natürlich dabei, ja, er darf seine Schwester sogar in der Wanne halten. Das gefällt ihm. Es ist schön, solch eine große Verantwortung zu haben, aber es ist gar nicht so leicht!
„Hast du einen schönen Beruf?", fragt er ganz unvermittelt die Hebamme. Und dabei denkt er an seinen Papa, der oft über die Arbeit im Büro schimpft. „Gibt es auch Ärger?" Die Hebamme schaut Andreas an und muss nachden-

ken. „Weißt du, eigentlich ist es schön, kleinen Menschen dabei zu helfen, auf die Welt zu kommen. Ärger habe ich nur selten. Manchmal brauche ich aber ein bisschen Mut. Dann muss ich mich für die kleinen Säuglinge einsetzen. Ich möchte, dass sie wirklich alles bekommen, was sie in den ersten Monaten zum Leben brauchen. Es gab aber auch Zeiten, in denen die Hebammen dafür sehr mutig sein mussten. Da hatten sie es mit Menschen zu tun, die gar nicht wollten, dass die Kinder leben." „Aber das darf doch gar nicht sein!", protestiert Andreas sofort und schaut das kleine Schwesterchen in seinen Armen an. „Recht hast du, und deshalb erzähle ich auch gern die Geschichte von den beiden Hebammen Schifra und Pua bis heute weiter:

Einst lebten in Ägypten viele Israeliten. Sie waren Sklaven und die Männer bauten Städte und Straßen für den Pharao. Doch die Israeliten waren ein großes Volk und der Pharao bekam Angst vor ihnen. Da befahl er den Hebammen der Israeliten: ‚Tötet alle Jungen, gleich wenn sie geboren sind!' Aber das wollten die Hebammen nicht. Sie waren da, um den kleinen Säuglingen zum Leben zu helfen. ‚Gott will das Leben', dachten Schifra und Pua. Sie taten nicht, was der Pharao befahl. Als der es merkte und sie zur Rede stellte, sagten sie zu ihm: ‚Wie können wir deinen Befehl erfüllen? Die Frauen aus Israel bekommen ihre Kinder auch ohne uns.' Da konnte der Pharao nichts gegen sie tun, aber Gott segnete ihre Arbeit." (2. Mo 1,15-22)

Während Christa von Schifra und Pua erzählt, hat sie die kleine Luisa abgetrocknet, gewickelt und frisch angezogen. Nun schläft Luisa zufrieden im Arm ihrer Mutter. Als sich die Hebamme verabschiedet, ruft Andreas ihr nach: „Tschüs, und pass gut auf die kleinen Kinder auf!" Von der Haustür hört er die Hebamme rufen: „Versprochen!"

Wasser ist Leben

Als Jesus sich auf den Weg machte, um den Menschen von Gottes Liebe zu erzählen, ging er an den Fluss Jordan. Dort ließ er sich von Johannes taufen. Er musste richtig tief untertauchen, so war es früher bei der Taufe. Und bis heute werden in einigen Kirchen Kinder und Erwachsene in einem tiefen Becken getauft, in dem sie mit dem ganzen Körper untertauchen. In unserer Kirche haben wir keine so großen Taufbecken. Und doch, ohne Wasser gibt es keine Taufe. Von Anfang an haben die Christen im Auftrag Jesu alle getauft, die zu seiner Gemeinde gehören wollten. Bei der Taufe wird der Kopf des Kindes oder auch des Erwachsenen mit Wasser übergossen, dazu wird gesagt: „Ich taufe dich im Namen des Vaters und des Sohnes und des Heiligen Geistes." Jesus selbst hat gesagt, dass wir es so tun sollen!
Das Wasser gehört dazu. Wasser ist Leben. Gott schenkt uns in der Taufe das Leben neu und verspricht: „Ich will ganz nahe bei euch sein!" So nahe, wie uns

das Wasser umgibt, wenn wir im Meer schwimmen, mit dem ganzen Körper sollen wir es entdecken. Mit unseren Ohren können wir auf die Geräusche hören, die das Wasser macht. Von den Bäumen tropft Regen, eine Quelle gluckert, ein Bach plätschert über eine Wiese daher, ein Wasserfall kann tosen und am Meer hören wir schon von weitem das Rauschen der Wellen. Und wenn wir es mit unseren Augen anschauen, entdecken wir, wie das Wasser das Licht in vielen verschiedenen Farben bricht und widerspiegelt. Das Meisterstück dabei ist sicher der Regenbogen, der sich im Zusammenspiel von Sonne und kleinen Regentropfen am Himmel erstreckt.
Aber es gibt noch mehr zu sehen im Wasser. Die Tiere, die darin leben und manchmal auch darüber hinweg laufen wie der Wasserläufer. Im Wasser, das ganz ruhig ist, können wir unser Spiegelbild sehen. Und wenn dann ein Stein hineinfällt, breiten sich kleine Wellen aus und verlaufen in immer größer werdenden Kreisen.
Sauberes Wasser können wir trinken. Und alle wissen, wie gut es tut, an einem heißen Sommertag aus einer kühlen Quelle zu trinken. Wenn wir die Hände unter das fließende Wasser halten, können wir spüren, wie uns das Wasser kühl über die Hände und Arme läuft. Und im Sommer gibt es nichts Schöneres als ein kühles Bad im See oder im Schwimmbad. Am Anfang noch ein wenig ängstlich und dann immer mutiger spüren die Kinder, wie das Wasser sie trägt. Und je mehr sie Zutrauen zum Wasser bekommen, desto besser geht das Schwimmen und Tauchen.
Dabei reinigt uns das Wasser, es ist gut, dass wir mit Wasser alles abwaschen können. Und wenn wir dann so richtig sauber und erfrischt sind, dann sagen wir vielleicht sogar: „Ich fühle mich wie neugeboren!“
So viel kann den Menschen das Wasser nützen, darum ist es gut, dass das Wasser zur Taufe dazugehört. Gott lädt uns ein: „Alle sollen zu mir kommen, ich schenke euch das Leben neu.“

Licht zum Leben

Jesus hat gesagt: „Ich bin das Licht der Welt. Wer mir nachfolgt, wird nicht in der Finsternis wandeln, sondern er wird das Licht des Lebens haben.“ Alle Menschen brauchen Licht zum leben. Ein Tag ohne Licht, das wäre ein schrecklicher Tag! Und eine Nacht ohne Mond und Sterne, das ist unheimlich! Das Licht vertreibt die Finsternis.
Gut, dass es das Licht gibt, wenn wir Angst haben im Dunkeln.
Gut, dass es das Licht der Sonne gibt, es wärmt uns nach der kalten Nacht!
Gut, dass es das Licht gibt, sonst würden wir nicht wissen, wohin unser Weg führt!
Menschen brauchen das Licht zum Leben, davon erzählt ein Märchen aus den Philippinen:

Ein König hatte einst zwei Söhne. Er war alt und spürte, dass er bald sterben würde. Er hatte stets gütig und gerecht regiert, und dabei hatte er die Menschen in seinem Land lieb gewonnen.
Welcher seiner Söhne wäre nun ein guter Thronfolger? Er rief die Weisen des Landes zu sich und beriet lange mit ihnen. Dann ließ er beide Söhne zu sich rufen, zählte jedem fünf Silberstücke in die Hand und sagte: „Für dieses Geld sollt ihr die große Halle unseres Schlosses füllen. Womit, das entscheidet ihr.“ Die Weisen nickten und sprachen: „Das ist eine würdige Aufgabe.“
Als am nächsten Morgen die Sonne aufging, zog der ältere Sohn zum Schloss hinaus. Sein Weg führte ihn an einem großen Feld vorbei. Die Landarbeiter waren dabei, das Zuckerrohr zu ernten und in einer Mühle auszupressen. In großen Haufen lag das Zuckerrohrstroh herum. Da dachte sich der ältere Sohn: „Dieses nutzlose Stroh kommt mir gerade recht, um die Halle meines Vaters damit zu füllen! Ich werde das Erbe antreten, alle sollen sehen, wer das Sagen hat!“ Schnell wurde er mit dem Aufseher der Arbeiter um fünf Silberstücke Lohn einig. Nun fuhren die Arbeiter Wagen um Wagen voller Stroh in die Halle des Schlosses. Sie brauchten bis zum späten Nachmittag, als endlich die letzte Fuhre in der Halle war. Nur mit Mühe ließ sich das große Tor schließen. Sofort ging der ältere Sohn zu seinem Vater und sprach: „Ich habe die Aufgabe erfüllt. Ich bin dein rechtmäßiger Nachfolger. Auf meinen Bruder brauchst du nicht mehr zu warten!“ Der König aber antwortete: „Noch ist der Tag nicht vergangen. Ich werde auf deinen Bruder warten und dann entscheiden.“
Spät, als die Sonne schon tief über den Zinnen des Schlosses stand, kam auch der jüngere Sohn des Königs. Was würde er tun? Sofort befahl er, das nutzlose Stroh aus der Halle zu entfernen. Und wieder fuhr Wagen auf Wagen voller Zuckerrohrstroh, diesmal aus dem Schloss hinaus. Der jüngere Sohn war nicht eher zufrieden, bis auch der letzte Halm aus den Ecken der großen Halle gefegt war.
Darüber war es dunkel geworden. Der jüngere Sohn ging mitten hinein in die dunkle Halle, stellte eine Kerze auf und entzündete sie. Und der Schein der Kerze füllte die Halle bis in den letzten Winkel.
Alle waren still geworden. Die Weisen traten mit dem König in die Halle, stellten sich um das Licht und schauten sich an. Und in ihren Augen spiegelte sich der warme Schein der Kerze.
Der König ging zu dem jüngeren Sohn, umarmte ihn und sprach: „Du, Phosphorus, den sie auch den Morgenstern nennen, du sollst mein Nachfolger werden. Dein Bruder hat fünf Silberstücke vergeudet und die Halle mit nutzlosem Zeug gefüllt. Du aber hast nicht einmal ein Silberstück gebraucht und hast die Halle mit Licht und Wärme erfüllt. Du hast sie mit dem erfüllt, was die Menschen brauchen.“

Auch Jesus, der Sohn Gottes, wurde von den ersten Christen manchmal „Morgenstern“ oder auch „Lichtträger“ genannt. Er bringt uns Gottes Licht, seine Liebe, von der wir leben. Und noch mehr: Wir dürfen seine Lichtträger sein. Wir können das Licht weitergeben, das wir von ihm empfangen.

Jesus segnet die Kinder

Der folgende Vorschlag zum gemeinsamen Spielen der Erzählung nimmt die Vorerfahrungen der Kinder auf.

Jesus ist auf dem Weg nach Jerusalem In einem Dorf macht er Rast Er setzt sich vor ein Haus, um auszuruhen.	Ein Kind, das Jesus darstellt, setzt sich in den Kreis.
Schnell kommen die Dorfbewohner, um ihn zu sehen. Jesus spricht mit ihnen. Sie setzen sich ganz eng um ihn herum. Sie wollen alles genau mitbekommen.	Andere Kinder kommen und schließen einen engen Kreis um Jesus.
Nun kommen auch die Jünger. Sie setzen sich zu Jesus in den Schatten. Sie genießen die Ruhe und hören Jesus zu.	Auch diese Kinder setzen sich eng dazu, so dass der Kreis geschlossen ist.
Auf einmal wird es unruhig. Von allen Seiten kommen Mütter mit ihren Kindern. Einige tragen sie im Arm, andere laufen voraus. Sie wollen zu Jesus. Jesus soll ihnen die Hände auflegen und segnen.	Am Außenrand des Kreises stellt sich der Rest der Gruppe auf. Sie stellen Mütter mit ihren Kindern dar. Pantomimisch zeigen sie, was sie sich von Jesus wünschen.
Die Jünger sind wütend. Sie wollen Jesus in Ruhe zuhören. Sie stehen auf und wollen die Kinder mit ihren Eltern vertreiben.	Die „Jünger“ stehen auf, mit dem Rücken zu Jesus, und machen eine abwehrende Haltung.
Jesus sieht das und steht auf. Er weist die Jünger zurück. „Lasst die Kinder zu mir kommen! Hindert sie nicht daran!	Jesus steht auf. Er geht zu jedem Jünger und weist ihn zurecht, indem er ihn an die Seite schiebt, so dass die Mitte frei wird für die Kinder. Dann macht er eine einladende Handbewegung in die Richtung der Kinder.
Schaut euch diese Kinder an, ihnen gehört Gottes Reich!“	Die Kinder kommen zu Jesus und er nimmt sie in den Arm.
„Hört genau zu, ihr Großen: Wer das Reich Gottes nicht annimmt wie diese Kinder, der wird nicht hineinkommen! Schaut sie euch an, wie sie voller Vertrauen kommen!“ Und er nimmt die Kinder in die Arme, legt ihnen die Hände auf und segnet sie.	Nach und nach segnet er die Kinder mit einer von den Kindern ausgewählten Segensgeste. Alle singen das Lied: „Gottes Segen geht mit uns“.

Literatur

Zur Orientierung und der Arbeit an Konzeptionen

Buchpaket: Kinder brauchen Hoffnung. Religion im Alltag des Kindergartens
Scheilke, C.T.; Schweitzer, F. (Hg.), Münster: Comenius-Institut 2006
Band 1: Mit Geheimnissen leben
Band 2: Das ist aber ungerecht!
Band 3: Musst du auch sterben?
Band 4: Wie sieht Gott eigentlich aus?

Für die Vorbereitung und Durchführung

„Im Anschauen entdecken". Arbeitshilfe zur Religionspädagogischen Praxis; Uwe Huchthausen, Arbeitsstelle Kindergottesdienst in Hannover 2005

Mit dem Friedenskreuz durch das Kirchenjahr; R. Horn/U. Walter, Lippstadt/Leinfelden 2006 (Buch mit vielen Illustrationen, CD mit 24 neuen Liedern und einem Legekreuz)

Mit Kindern neu anfangen. Kreative Taufgottesdienste; Kerstin Othmer-Haake, Bielefeld 2006

„Tod, was ist das?". Bilderbücher über Abschied, Trauer und Tod, eine Empfehlungsliste; Hg.: Deutscher Verband Evangelischer Büchereien e.V. (www.dveb.info), Göttingen 2005

Ist Allah auch der liebe Gott? Interreligiöse Erziehung in der Kindertagesstätte; F. Harz, München 2001

Kinderbibeln

Broschüre: Empfehlenswerte Kinderbibeln; Hg.: Deutscher Verband Evangelischer Büchereien e.V. in Zusammenarbeit mit der Deutschen Bibelgesellschaft; (www.dveb.info) Göttingen 2006

Neukirchener Kinder-Bibel, I. Weth, Neukirchen 1999

Die Bibel für Kinder und alle im Haus; R. Oberthür, München 2004

Gütersloher Erzählbibel; D. Klöpper/K. Schiffner. Mit Bildern von Juliana Heidenreich; Gütersloh2004

Kinderbibel; W. Laubi. Illustriert von Annegret Fuchshuber, Lahr 1992

Das große Bibel–Bilderbuch; K. de Kort, Stuttgart 1993

Mit Gott unterwegs. Die Bibel für Kinder und Erwachsene neu erzählt; R. Schindler, Zürich 1996

Komm, freu dich mit mir. Die Bibel für Kinder erzählt von K. Jeromin und R. Pfeffer; Stuttgart 1999